Idea Book

にこに育児 アイデアブック

『灯台』編集部編

第三文明社

すくすく育て！私たちの赤ちゃん

赤ちゃんは、日々成長していきます。パパやママは、赤ちゃんにとって今何が一番大事なのかを知って世話をしていきましょう。本書では生活・健康・遊びのアイデアを満載《まんさい》しています。

月齢《げつれい》による成長のめやす

0～2か月

- 短い睡眠《すいみん》を繰《く》り返《かえ》し、授乳《じゅにゅう》回数も多い。
- 寝《ね》ているだけだったのが、徐々《じょじょ》に動きが活発に。
- 徐々に目で動いているものを追うようになる。
- あやすと笑い、「あー、うー」など声を出すようにもなる。
- 世話をしながら、目を見て話しかけてあげて！

3～5か月

- 首がすわりはじめ、昼夜の区別が徐々につき、夜中の授乳が減《へ》っていく。
- あやすと声を出して笑うようになる。
- 首がすわってきたら、腹ばいになって頭を持ち上げられる。
- 自分からおもちゃをつかみにいくなど、行動も活発に。
- 5か月頃には離乳食《りにゅうしょく》のスタートを。

6～9か月

- 寝返りができたら、寝かせる場所に要注意！
- 早寝早起きなどの生活のリズムができてくる。
- お座りができるとベビーチェアーにも座れ、ひとりで遊ぶようにも。
- 歯が生えてくるので、歯みがきもスタート。
- ハイハイを始めるのもこの時期。そばに危険なものはないか要注意！

1歳半～2歳

- 自我が芽生え、なんでも自分でしたがる時期。
- 自分でできないとかんしゃくを起こして大騒ぎ、見守ることが大切。
- 遊びの幅が広がり、大人のまねをしながら、多くのことを学ぶとき。
- 言葉の数が増え、お話もできるようになる。
- ストーリーのある絵本を読んだり、たくさん話しかけてあげよう。

1歳1か月～1歳半

- よちよちと歩くので、転倒してけがをしないように要注意。
- 階段もひとりで上れるようになるので、柵《さく》などをつけること。
- 公園の遊具でもよく遊び、外遊びが活発に。
- 簡単な単語で話をするようになる。
- 何でもダメダメと言わずに、行動範囲《はんい》を広げてあげよう。

10か月～1歳

- つかまり立ちができるようになり、伝い歩きを始める。
- 大人のまねをして「バイバイ」などをするようになる。
- いろいろな食品が食べられ、手づかみで自分の口に持っていくことも。
- おもちゃでよく遊ぶようになる。
- パパもママも一緒《いっしょ》にいっぱい遊んであげよう。

赤ちゃん時代はもうすぐ卒業!!

赤ちゃん・幼児との毎日

新生児期を過ぎると、子どものいる暮らしにも慣《な》れ、だんだん生活のパターンが決まってきますが、育児の悩みも増えてきます。専門家や先輩ママたちの意見も参考にして、楽しく子育てをしましょう。本書では1章に赤ちゃん・幼児との暮らしのアイデアを掲載しています。

赤ちゃん・幼児の1日

8:00 起床

起きる時間を早めにすると、夜早く寝《ね》てくれます。遅くても8時までには起こすようにしましょう。

8:30 朝食

朝食は乳幼児のうちからきちんと食べる習慣《しゅうかん》をつけます。味噌汁《みそしる》やスープに野菜を入れて、バランスを考えた食事にしましょう。

10:00 お散歩

お天気が良ければ、公園などに出かけ、外でいっぱい遊ばせてあげましょう。夏は紫外線対策《しがいせんたいさく》も忘れずに。

12:00 昼食

いっぱい遊んだあとは、眠くなる前にお昼ご飯。お弁当を持って行って、公園のベンチで食べるのもおすすめです。

1:30 お昼寝

はじめのうちは1日に2回だったお昼寝も、大きくなると午後の1回になります。あまり夕方になってから寝てしまうと夜の寝付きが悪くなります。

3:00 おやつ

おやつの時間は決めて、短時間で食べ終えましょう。だらだらと甘いものを食べ続けると、虫歯の原因になってしまいます。

起きている時間は、遊びながら多くのことを学習しています。

6:30 夕食

味付けは素材の味を生かし、濃《こ》すぎないように気をつけます。大人の食事を作るとき、味付け前に子どもの分を取りおくといいでしょう。

7:30 入浴

小さい子どもの肌《はだ》は敏感なので、できるだけ毎日お風呂に入れるようにしましょう。一緒に入れば、ママやパパとのスキンシップにもなります。

8:30 就寝《しゅうしん》

できるだけ毎日同じ時間に布団《ふとん》に入るようにします。絵本を２冊読む、お人形を並べるなど、寝る前の儀式《ぎしき》を決めておくと、寝るきっかけになります。

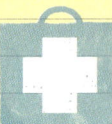

子どもの健康

パパやママが一番心配なのは、子どもの病気やケガのこと。まずは、そうならないように、予防が大《たい》切《せつ》。それでも小さいうちは病気やけがはつきものです。機《き》嫌《げん》が良ければ、心配ありませんが、普《ふ》段《だん》と様子が違っていたらなるべく早く専門家に診《み》てもらいましょう。詳しくは本書3章を参考にしてください。

栄養

健康の基本はしっかり栄養をとること。生後半年くらいは母乳で十分栄養は足りています。その後は食事で栄養をとりますが、好き嫌《きら》いなくバランス良く食べられるようになるために、離《り》乳《にゅう》食《しょく》は大切な一歩です。

病気

吐《は》いたり、下《げ》痢《り》をしたり、発《ほっ》疹《しん》がでたり。小さいうちは病気とまでは言えなくても、心配な症《しょう》状《じょう》がよく見られます。様子がいつもと違ったら受診しましょう。そのためにも、平熱や元気なときの便の状態を把《は》握《あく》しておくことが大切です。

けが

日々成長する赤ちゃんは、昨日できなかったことが今日できるようになるなど、ちょっと目を離《はな》したすきに大けがをすることがあります。赤ちゃんの回りに、危険なものや場所、飲み込んでしまいそうなものはないか確認しましょう。

毎日の世話

毎日の世話のなかで、ちょっと気をつけるだけで、多くの病気を防ぐことができます。着替《きが》えやおむつを替えるときに、赤ちゃんの体をよく観察しましょう。また、お風呂に毎日入るなど清潔《せいけつ》にすることは、病気の予防に効果的です。

心のケア

体の発達だけでなく、心も大きな発達をしている時期です。特に乳児期にしっかり抱《だ》かれて、愛情をかけられることで、人は信頼感を獲得《かくとく》するといわれています。これはその後の人間関係を築く上でも、大変大切なことなのです。

ピクニックしながら
となりのむらの
パンやさんまでおかいもの。
だれがさきに
つけるかな？
スタート
うさぎさんとあそんで
1かいやすみ
かめさんのせなかに
のっていけをわたる
ラッキー！
サイコロを
もう1かいふる
こねこにえさを
あげるので1かいやすみ
こうじちゅうで
1かいやすみ
ラッキー！
うまにのって
5つすすむ
あめだ！
かさをとりに2つもどる

子どもと遊ぼう！

子どもは遊びを通して多くのことを学びます。たとえば、左のすごろくは、日本の伝統的な遊びですが、サイコロ1つで、ルールを守ることや、仲良く遊ぶことの楽しさだけでなく、数字に親《した》しむこともできます。本書では2章に赤ちゃん・幼児との遊びのアイデアをたくさん掲載しています。

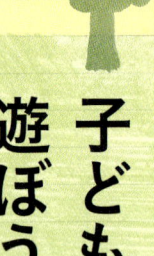

すごろく遊び

サイコロを振って、出た目の数だけ
自分の駒を進ませます。
途中の指示に従いながら、
ゴールを目指します。

知《ち》育《いく》遊び

楽しく遊びながら自然に知識が身につくのが知育遊び。数字や時計、図形を使った遊びなど、特に知育を発達させることを意識した遊びを、本書ではいくつかご紹介しています。

仲間分け遊び

仲間をみつけて分類する遊びです。
分類の仕方は形、色、用途など自由です。
子どもの発想を大切にしましょう。

なかまはどれかな？
おもちゃをおかたづけ。おなじなかまをあつめてあげよう。

なかまはどれかな？
「やさい・くだもの・おかし」わけかたはなんでもいいよ。

身近なもので遊ぶ

市販品のおもちゃでなくても子どもは喜んで遊びます。むしろ単純な遊びのほうが長く遊ぶほど。2章にはそういった、身近なもので遊ぶ方法も数多くご紹介しています。

ハンカチ遊び

ハンカチは、折り紙代わりに使えます。
携帯にも便利なので、お出かけのときは、
大小数枚持っていくといいでしょう。

幼児にも簡単！　花の作り方

基本

大きめのハンカチを広げ、
四隅《すみ》を中央に寄せて折る。

チューリップ

基本の中央をつまんで持ち上げ、もう一方の手で四隅を下の方へまとめて持ち、形を整《ととの》える。花びらをむくとバナナにも見える。

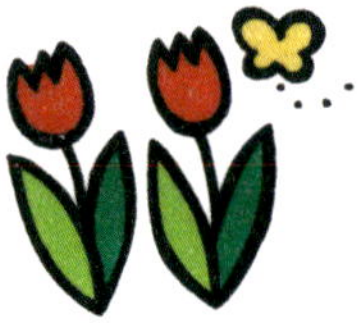

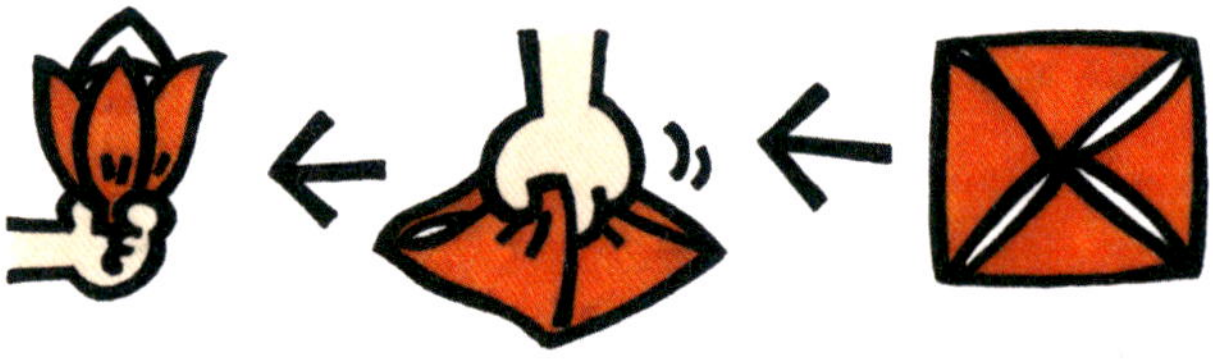

バラ

基本からさらに四隅を中央に寄せて折り、中心をつまむ。もう一方の手で四隅を下のほうへまとめて持ち、花びらを開いて形を整える。

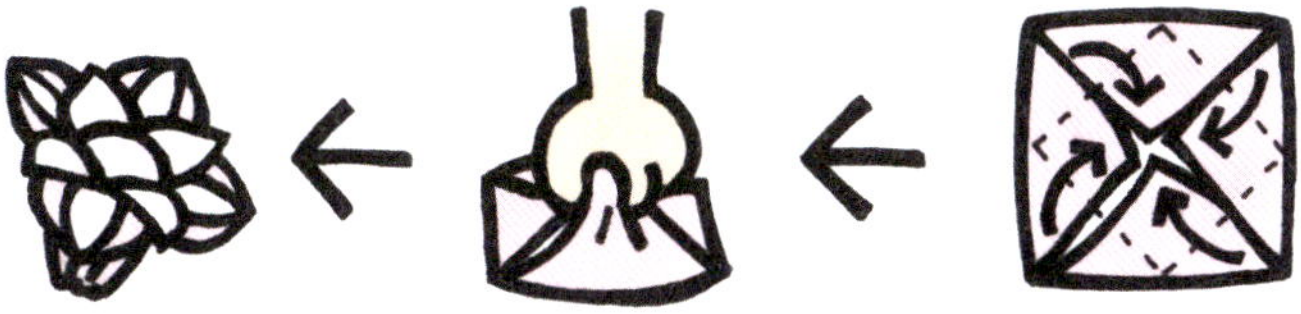

パンジー

バラの花びらを開く前に裏返す。四隅をもう一度中央に寄せて折り、もう一方の手で四隅を下のほうへまとめて持ち、花びらを開いて形を整える。

すばやくキャッチ！

❶ママの手を広げて横にし、ハンカチを細長くして親指と人差し指の間にかける。手のひら側に垂れ下がった端《はし》を子どもが握《にぎ》る。

❷子どもが手を素早く下に下げ、ママがキャッチする前に抜き取れたら子どもの勝ち。ママのキャッチが早ければママの勝ち。交替《こうたい》して同様に遊ぶ。

手作り品で遊ぶ

手作りおもちゃには、温かみなど格別のものがあります。普段《ふだん》お裁縫《さいほう》や工作をしたことがない人でも、簡単にできるものを本書ではご紹介していますので、挑戦してみてください。

布の絵本

あまり布でもできますが、フェルト生地を使うと端の始末をしなくてすみます。徐々にページを増やしてもいいでしょう。

1 ページ目　2 ページ目　3 ページ目　4 ページ目

材　料

- **ウォッシャブルフェルト**　18cm×18cm
  [**台紙用**] 黄緑、水色、ピンク、黄色　各1枚
  [**アイテム用**] 白、黒、サックスブルー、緑、赤、ベージュ　各1枚
- **ししゅう糸**
  ウォッシャブルフェルトと同色適量
- **リボン**
  [ウサギ用リボン(太め)]　約40cm　1本
  [本を綴《と》じるリボン(細め)] 約30cm　4本
- **丸小ビーズ**　適量
- **ボタン**　大小各1個
- **アメの棒**　1本
- **ファスナー**　10cm1本
- **マジックテープ**　適量
- **はさみ**
- **針**
- **糸**
- **手芸用ボンド**
- **マジックペン**

基本のたてまつり

縫《ぬ》い付けたいものの端に、裏から針を入れ、糸を通し、まっすぐ下に針を入れまつる。同じ幅《はば》になるように気をつける。

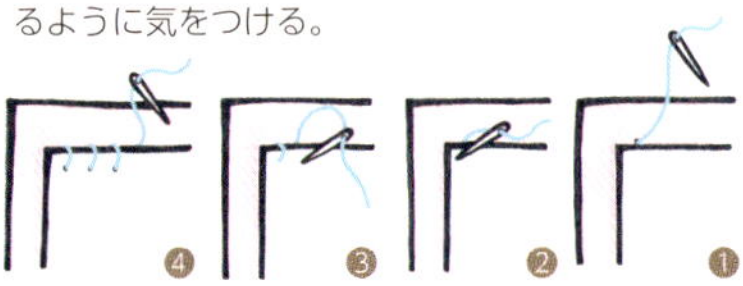

台になるもの

18cm×18cmのウォッシャブルフェルトに、本を綴じるための穴（直径5mm程度）を4つあける。4枚とも同じ位置に穴がくるように気をつける。ページによって、表にする側の穴の位置が左右異なるので注意する。

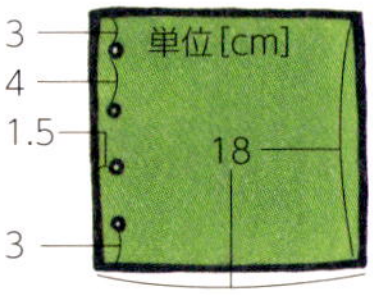

1 ページ目

ウサギの顔を作ってから、台にたてまつりで縫い付けます。ウサギの目をとったりつけたり、リボンを結んだりできるものを作ります。

❶直径1.5cmの円を4枚切り取り、2枚にマジックテープの一方を縫い付ける。それぞれ残りの2枚とボンドではり合わせ、目を2つ作る。

❷ウサギの形に切り抜《ぬ》く。顔の目の位置にマジックテープのもう一方を縫い付ける。

❸目はマジックテープでつける。

❹鼻は直径5mmに切り取ったものをボンドで貼《は》る。

❺口と鼻の下のラインは糸で縫う。

❻台にウサギをたてまつりで縫い付ける。顔の下にリボンの中央を縫い付ける。

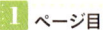

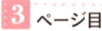

3 ページ目

お財布を作り、中にフェルトで作ったお金を入れます。2ページ目も使ってお買い物ごっこを楽しみます。

お財布の形に切り取り、ファスナーを付ける穴をあける。

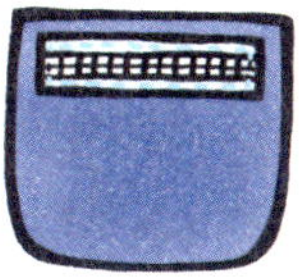

裏にファスナーを縫い付ける。

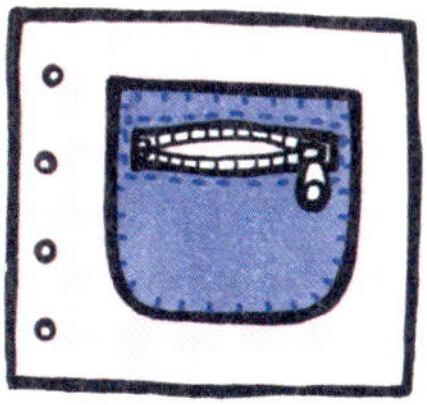

穴を左にしてお財布を台にたてまつりで縫い付ける。

お金の大きさにフェルトを切り取り、10、100、500の数字を書く。数字の面を外にして2枚を貼り合わせるとしっかりする。

ワンポイントアドバイス

表紙になる1ページ目には、子どもの名前をフェルトで切り抜いて貼ると、よりオリジナル感がでます。また、乗り物にして車輪を取り外しできるようにしても面白いものができます。マジックテープ（面ファスナー）は、ホックにしてもいいでしょう。それぞれの色はお好みで変えてください。

2 ページ目

イチゴ、アメ、魚、ニンジンなどの形を各2枚切り抜きます。1枚にはマジックテープを縫い付け、マジックテープのもう片方は台に付けて、取り外しができるものを作ります。

イチゴは丸小ビーズを縫い付ける。へたはボンドで貼る。

ボンドで貼り合わせる。

もう1枚にマジックテープを縫い付ける。

アメは1枚にマジックなどで渦《うず》巻きを描く。

もう1枚に棒を縫い付ける。

裏にマジックテープを縫い付け、棒が中に入るようにしてボンドで貼り合わせる。

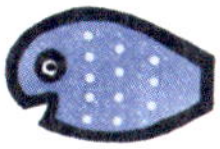

魚は胴体《どうたい》に丸小ビーズを縫い付ける。目は小さいボタンを付ける。

もう1枚にひれと尾《お》を縫い付け、裏にマジックテープを縫い付ける。2枚をボンドで貼り合わせる。

ニンジンはししゅう糸でラインを数本縫う。

もう1枚にニンジンの葉を縫い付け、裏にマジックテープを縫い付ける。2枚をボンドで貼り合わせる。

台に穴を左側にした方を表にし、マジックテープを4か所縫い付ける。

仕上げ

1・2ページと、3・4ページを合わせ、リボンを穴に通して、結び、本を綴《と》じます。

4 ページ目

時計を作り、針をボタンで止めることで、動かせるようにします。時計の読み方の練習になります。数字を小さいフェルト片に書いて裏にホックをつけ、取り外《はず》しできるようにしてもいいでしょう。

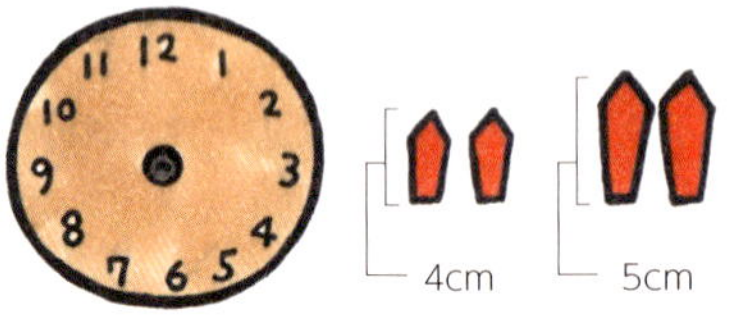

直径14cmの円に数字をマジックペンなどで書く。

針を長針2枚短針2枚切り取り、ボンドで貼《は》り合わせる。

穴を右にした台に時計をたてまつりで縫《ぬ》い付け、ボタンを中央に縫い付ける。針にはボタンが通るボタンホールをあける。

ページを縫い合わせる

1ページ目と2ページ目の4辺をかがり縫いで縫い合わせます。
次に3ページ目と4ページ目を縫い合わせます。

にこにこ育児のすすめ

監修者　国立成育医療研究センター　新井 勝大

はじめての子どもが生まれ、慣《な》れない育児に不安でいっぱいの方も多いことでしょう。親は子どものことを誰よりも心配し、愛し、大事に思っています。これは、いつの時代も同じはずですが、近年では周囲に子育てを教えてくれる人が少ないこともあり、上手《じょうず》に関わる技術は昔に比べて習得《しゅうとく》しづらく、そのスキル（技術）を養《やしな》う場所が少ないのも事実です。そんななか、以前よりもずっとパパたちが協力してくれるのはとてもいいことです。育児書を上手に活用して、パパとママが一緒《いっしょ》になって、この時期を乗り越《こ》えてください。

また、子どもの世話はなんとかできても、子どもと上手に遊べないという声も多く耳にします。実は、遊びを通したスキンシップは、親の努力によるところが大きいのです。子どもはいつも親が寄り添《そ》ってくれることを望んでいますから、親が努力して、ちょっと家事や仕事の手を休めて、子どもとの距離を縮めてあげましょう。

赤ちゃんの健康については、パパやママが一番よくわかっています。子どもの様子《ようす》がいつもと違う、大丈夫といわれてもなんとなく不安、何か納得できないものがあるときは、自分のカンを信じて、他の病院や育児相談所などで相談することも大事です。

子育ての時期は、一生のなかで一番輝《かがや》いているときではないでしょうか。誰かのために一生懸命《けんめい》になれ、喜びや驚きを感じ、感動もある。振《ふ》り返ってみたときに、一番楽しい思い出となるはずです。また、育児は育自《いくじ》。子育てをするなかで、いろいろなことに気づき、親自身も成長できるときでもあります。

本書には育児に関するアドバイスや、赤ちゃんや幼児と遊ぶための楽しい遊びがたくさん掲載《けいさい》されています。どうか、本書をご活用いただき、にこにこ笑顔で、育児を楽しんでください。

Contents《もくじ》

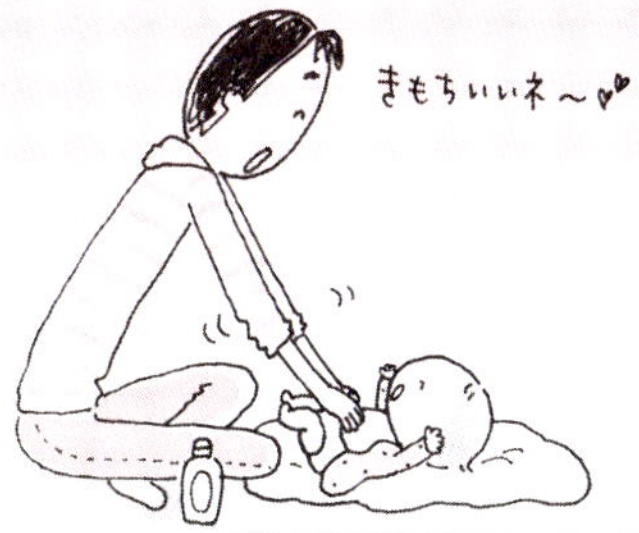
きもちいいネ〜♡

外で遊ぶ

家で遊ぶ

手作り

知育遊び

3章＊元気にすくすく

健康

本文レイアウト　株式会社トッパングラフィックコミュニケーションズ
装丁　株式会社トッパングラフィックコミュニケーションズ　淺野有子

1章 はじめての育児

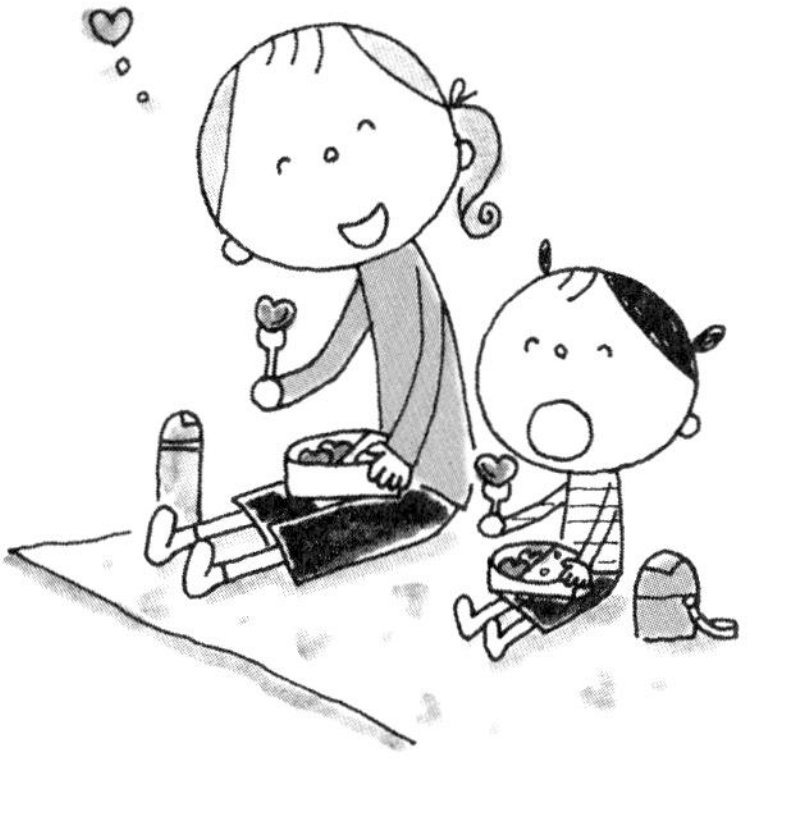

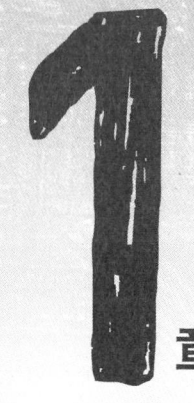

赤ちゃん・幼児がいる暮らし

赤ちゃんが生まれたとたん、毎日の生活は想像《そうぞう》以上に変わってしまいます。それまでの生活リズムは完全に崩《くず》れて、赤ちゃん中心の生活になることでしょう。

赤ちゃんは欲求《よっきゅう》のままに要求してくるので、一時も待ってはくれません。はじめのうちは数時間おきの授乳《じゅにゅう》、その度のおむつ替《が》え、沐浴《もくよく》（入浴）。これだけでも大変なのに、炊事《すいじ》・洗濯《せんたく》・掃除《そうじ》と、家事もこなさなければなりません。この時期のママは家族の協力がなければ、いっぱいいっぱいになってしまいます。

それでも、おっぱいを飲む姿や、すやすや眠《ねむ》る我が子を眺《なが》めていると、それまでに味わったことのない感情が湧《わ》いてきて、なんとも言えない幸福感を味わうことができます。

こうして、ママがつきっきりで世話をしないといけなかった赤ちゃんも、徐々《じょじょ》に手が離《はな》れ、意志ができ、笑ったり、お話ししたりするようになります。0歳から6歳くらいまでの心身の成長は、目を見張るものがあり、親はそれに驚《おどろ》いたり、喜んだりの連続です。はじめての子育ては、戸惑《とまど》うことや悩《なや》むことも多いことでしょう。この章ではそんな赤ちゃん・幼児のいる毎日の生活に焦《しょう》点《てん》を当て、先輩《せんぱい》ママたちの声も集めて、子育てのアドバイスを掲載《けいさい》しました。

毎日の生活

基本の生活

授乳や離《り》乳食《にゅうしょく》、入浴、おむつ替《が》え、トイレトレーニング、寝《ね》かしつけなど、赤ちゃん・幼児との生活は1日がめまぐるしく過ぎていきます。基本の生活と上手《じょうず》に過ごすコツを知って、この時期を乗り越《こ》えましょう。

親の心《こころ》得《え》

車にはチャイルドシートを取り付けなければいけないなど、大人だけで過ごしていた時期と違い、赤ちゃんが生まれてからは、親の心得として、知っておかなければならないことがたくさんあります。

心身の成長

昨日できなかったことが今日できる。赤ちゃん・幼児は毎日できることが増えていくといってもいいほど、心身の成長が著《いちじる》しい時期です。親の対応も、手を出さずに見守るなど、柔軟《じゅうなん》性が必要となります。

赤ちゃんが喜ぶ 安心抱《だ》っこ

ママの抱っこは、赤ちゃんにとって至福《しふく》のとき。
赤ちゃんとママの結び付きを強めますが、
抱き方によっては疲《つか》れてしまうことも。
ママもラクラク、赤ちゃんも喜ぶ
安心抱っこをご紹介《しょうかい》します。

スリングですぐにご機嫌《きげん》、スヤスヤ

お腹《なか》がすいた、おむつが濡《ぬ》れている、眠《ねむ》い、寒い…赤ちゃんが泣く理由は様々ですが、なかには寂《さび》しかったり、不安だったりしていることも。そんなときには、抱っこしてあげましょう。抱っこは、最高のスキンシップ。体温や香《かお》り、笑顔《えがお》とともにやさしくかけられる言葉など、ママのすべてが赤ちゃんの安心のもととなります。

とはいえ、赤ちゃんを抱っこし続けるのは、ママにとっては大変なこと。腕《うで》や肩にかかる負担も少なくありません。そんなママのお手伝《てつだ》いをしてくれる「抱っこひも」も、今はいろいろな種類が市販《しはん》されています。昔から使われてきた「おんぶひも」、３ＷＡＹタイプの「抱っこひも（ベビーキャリー）」のほか、最近人気なのがベビースリング。使い方が簡単で見た目がおしゃれなだけでなく、赤ちゃんとの密着度が高いため、ぐずっていてもこの中に入ると、すぐによく寝《ね》てくれると評判です。

状況《じょうきょう》によって使い方にバリエーションがあるので、基本的なことを押《お》さえておきましょう。

スリングを使って、密着抱っこ

「スリング」はもともとは東南アジアやアフリカなどで、赤ちゃんを運んでいた布《ぬの》でした。小さくたためて持ち運びにも便利と、多くのママたちの支持を得《え》ています。素材は綿100%のものから、伸《しん》縮性《しゅくせい》のあるニットなどがあります。

１枚布で輪のように仕立てられた、シンプルなチューブタイプや幅広のたすきタイプ、リングがついて長さ調節ができるものもあります。

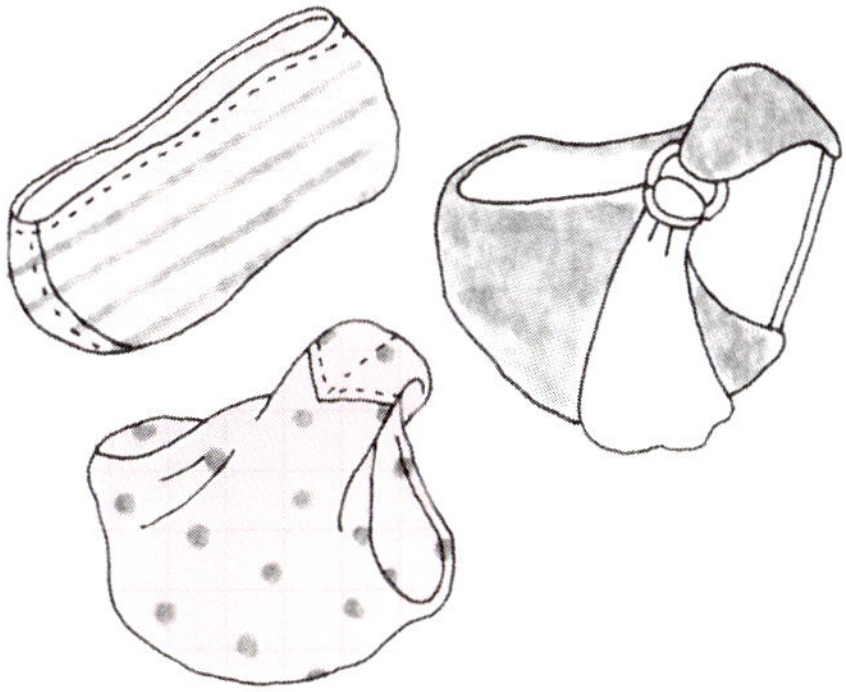

スリングを使ったおすすめの抱き方

あぐらをかくようにして抱き、すっぽりとスリングの中へ。ママにもたれかかってお座りしている感じ

赤ちゃんの耳がママの心臓のところに当たるように

肩に抱き上げて、スリングの下から手を入れて、足をつかんで引き入れる

+1 plus one!

これだけは気をつけて！

- 赤ちゃんを持ち上げるとスリングがゆるみ、カーブが崩《くず》れて危険です。
- ママが上体を倒《たお》すと、赤ちゃんがスリングから落ちる危険性も。
  赤ちゃん自身が動くこともありますので、なるべく手を添《そ》えてください。
- スリングでも、新生児《しんせいじ》や月齢《げつれい》の浅い赤ちゃんを抱っこするときは横抱きが基本です。

「夜泣き」どうしたら泣きやむの？

やっと寝《ね》かしつけたのに、また泣き出す赤ちゃん。おむつも取《と》り替《か》え、お腹《なか》もいっぱい、顔色《かおいろ》もいいのに、どうしても泣きやみません。これがあの「夜泣き」。赤ちゃんの状態を理解して、「夜泣き」を解消しましょう。

どうして夜泣きをするの？

生後2、3か月～1歳半くらいまでの赤ちゃんが、夜中、急に泣き出す「夜泣き」。泣きやまない赤ちゃんを一晩中抱《だ》っこして、歌ったり踊《おど》ったり、泣く理由がわからず、自分を責《せ》めてしまったり。ひんぱんな夜泣きで睡《すい》眠《みん》不足に陥《おちい》り、パパとママの大きな悩みになることも。

以下のことが原因ではないかといわれています。

①人は浅い眠《ねむ》りのレム睡眠《すいみん》と深い眠りのノンレム睡眠を繰《く》り返《かえ》すが、サイクルが未熟な赤ちゃんは、夢を見るレム睡眠中にちょっとしたことで目が覚《さ》めてしまう。

②脳の発達に伴《ともな》って、昼間の体験を記憶《きおく》できるようになるが、未熟な脳には整理しきれず、刺激《しげき》過多となる。

③着せすぎで暑い、のどが渇《かわ》いた、歯《は》が生え始めてむずがゆい、騒音《そうおん》がするなどの不快感がある。

「夜泣き」は赤ちゃんの脳が確実に発達している証《しょう》拠《こ》。とはいえ、早く泣きやんで欲しいもの。赤ちゃんは両親のイライラを敏感《びんかん》に察知《さっち》するので、大らかな気持ちで乗り切りましょう。

赤ちゃんの夜泣きを解消する方法！

「夜泣き」の心得 5 カ条

1. 「夜泣き」は皆《みな》が通る道。
2. 「夜泣き」は誰《だれ》のせいでもない。
3. 「夜泣き」は成長の証《あかし》。
4. 「夜泣き」は夫婦で解決。
5. 「夜泣き」は必ず終わる。

1 一度起こす

赤ちゃんは夢や昼間の記憶などの刺激《しげき》で泣いていることもあるので、一度部屋《へや》を明るくして赤ちゃんを起こしてみるのも一法です。夜中にぱっちり目を覚ましたら泣きやんだ、という話もあります。

目を覚《さ》ましたら優しい曲調のCDやオルゴールを聞かせたり、ママの笑顔《えがお》を見せたりして安心させてあげます。

2 生活のリズムを整《ととの》える

胎児《たいじ》の時に、ママのお腹の中で昼と夜の区別がなかった赤ちゃんの生体時計《どけい》を正しくしてあげましょう。

❶朝起きる時間を一定に。
❷午前中に一度散歩《さんぽ》に行き適度な運動を。
❸昼寝《ひるね》は長すぎないように。
❹ミルクや離乳食《りにゅうしょく》をあげる時間を決める。
❺生活のリズムを意識する。

3 ドライブや散歩《さんぽ》

夜泣きの解決法を先輩《せんぱい》ママたちに聞くと、必ず出てくるのが「近所をドライブした」というもの。車の振動《しんどう》が睡眠《すいみん》を誘《さそ》うという説も。ただし、騒音《そうおん》の多い場所やライトが眩《まぶ》しい繁華街《はんかがい》に行くのは逆効果。「近所を散歩した」という人も多くいます。

4 ミルクをあげる

母乳の場合は、ママが思うほどお乳《ちち》が出ていなくて、赤ちゃんがお腹をすかせていることも。母乳の出が心配な人は、夜1回粉ミルクを与《あた》えてみるという方法も、試《ため》してみてください。

5 胎内音《たいないおん》を聞かせる

長い間過ごしてきたママのお腹の中に近い状態であれば、赤ちゃんは安心できます。「放送していないテレビの音（ホワイトノイズ）は胎内音に似ているので、聞かせると泣きやむ」という説も。胎内音に近い音を流すぬいぐるみも市販《しはん》されています。

寝《ね》かしつけにも作戦あり

子どもが寝たら家事を片付《かたづ》けよう、
自分の時間を楽しもうと思っても、
なかなか寝ついてくれず、
イライラした経験はありませんか？
子どもを寝かしつける、よい方法をご紹介《しょうかい》します。

ポイントは寝る前の行動

生後しばらくはベビーベッドに寝かせていても、1歳前後になると、ママの布団《ふとん》やベッドで添《そ》い寝することが多くなるようです。

一緒《いっしょ》に寝ていると、夜中に子どもが起きても対応しやすいといった利点がありますが、添い寝しないと寝なくなったり、寝つくまでに時間がかかったりなど、新《あら》たな悩《なや》みが出てくることもあります。添い寝は親子のつながりを深め、子どもが安心して眠《ねむ》れるなど推奨《すいしょう》される面もありますが、添い寝ならではの悩みがあるのも確《たし》かです。

できれば、子どもにはすんなり寝てほしいもの。毎日の寝かしつけがママの負担にならないために、「習慣化《しゅうかんか》」という方法があります。一日の最後、寝る前の行動を習慣化させて、スムーズに寝つかせる、という作戦です。

ポイントは「寝る前に毎日同じ行動をする」こと。何をするかわかっていると、子どもにも安心感が生まれます。決まった行動を寝る前のセレモニーとする「習慣化」の方法をご紹介します。

ねんねの前の過ごし方

先輩ママに聞く「わが子のセレモニー」

- お気に入りの木製パズルを完成させた。
- 持っているミニカーを1台ずつ全部走らせた。
- ぬいぐるみを枕《まくら》の周《まわ》りに並べ、毎日配置を換《か》えた。
- その日の出来事を話しながら、親が気づいた子どものよいところを褒《ほ》めた。早く帰宅した日は、パパが寝かしつけた。

パパの寝かしつけ

自営業やパパが早く帰宅できる家庭では、パパが寝かしつけ担当の場合もあります。絵本を子どもに読み聞かせたパパが、思いのほか癒《いや》されて感激したという意見も。また、子どもと一緒に一寝入りするので、頭がスッキリして、事務処理などがスムーズにできるとか。パパも寝かしつけを担当してはいかがでしょう。

「習慣化」の方法

● 就寝前《しゅうしんまえ》にする行動の順番を決めてセレモニー化する

お風呂《ふろ》に入る、パジャマを着る、歯《は》みがきする、静かな音楽を流す、ホットミルクを飲むなど、寝る前に必ずする行動の順番を決め、それを毎日繰り返す。

●「お楽しみタイム」を設定

寝る準備が完了《かんりょう》したら、子守歌、お話、絵本の読み聞かせなど「お楽しみタイム」を作る。「○分まで」「本を○冊」などと決めておく。

●「おやすみタイム」を守る

寝る時刻をしっかり決めておく。時間がきたら明かりを消して「おやすみタイム」。

寝る前の読み聞かせについて

- 子どもが興奮《こうふん》したり、怖《こわ》がったりする絵本は選ばない。
- ゆったり、ゆっくり読む。
- 子どもに聞かれない限り、質問を挟《はさ》むなどして読むのを中断しない。
- なるべく抑揚《よくよう》をつけずに読む。

生活のリズムを作る お昼《ひる》寝《ね》タイム

特に夏の暑さで消耗《しょうもう》した小さい子の体力回復に、お昼寝は効果てきめん。子どもの様子《ようす》をみながら、上手《じょうず》にお昼寝をさせてあげましょう。「親子で一緒《いっしょ》にお昼寝」もおすすめです。

お昼寝はいつ？ どれくらい？

1日に2回お昼寝をする子の場合、午前中に1回、午後は昼食後3時のおやつまでというのが一般的《いっぱんてき》です。その他、短く3回以上寝る子や、長いお昼寝を1回する子など様々です。

多少お昼寝が短めでも、機嫌《きげん》よく過ごしているようでしたら、無理に寝かせる必要はないでしょう。反対に、子どもが疲《つか》れているようでしたら、夜の寝つきが気になりますが、子どもの様子をみて、臨機応変《りんきおうへん》にお昼寝をさせてあげましょう。

ある調査によると、1日の昼寝時間は、1、2歳児《さいじ》では2時間が半数以上と一番多く、次に多いのは3時間で約3割でした。3歳児では、2時間がまだ半数近くいますが、お昼寝をしない子も約3割、3時間寝る子は1割弱と目立って少なくなります。4歳を過ぎるとお昼寝しない子が増えてきますが、体力を消耗している夏には体を休めたいものです。暑い時間帯に休息するのは大人にとっても合理的。ママも一緒に寝るのもおすすめです。

夏の快適なお昼寝アイデア

夏バテ予防 5 つの対策

お昼寝以外にも夏バテ予防対策はいろいろあります。

対策1. 冷たい飲み物や氷よりも、冷やした果物《くだもの》や夏野菜をとる。

対策2. 早寝《はやね》早起きをして、涼しい朝のうちに散歩《さんぽ》。

対策3. 日中の外出には、帽子《ぼうし》や日傘《ひがさ》で紫外線カット。

対策4. 食事は3食しっかりとる。食欲不振には、麺類《めんるい》や酸味を効かせた料理などで工夫《くふう》。

対策5. 腹巻きなどを着用して寝冷《ねび》えを防止。

先輩ママに聞く 子どもがお昼寝を嫌《いや》がったら

子どもがなかなか寝つけないときは、布団《ふとん》の上で横になっているだけでも体は休まります。本を読んであげたり、静かな音楽を聴《き》いたり。以下は先輩《せんぱい》ママたちの体験談です。

- 子どもと自分の間に人形を置き、2人で人形を寝かしつけた。
- うちわでかわりばんこにあおいでいたら、そのうち寝てしまった。
- タオルケットをまいてひもで結んで抱《だ》き枕《まくら》を作り、コアラやラッコごっこをして過ごした。

夏のお昼寝の注意

寝かせる場所と時間帯によっては、直射日光が差《さ》し込《こ》むことがあるので、窓際《まどぎわ》などに寝かせる場合は注意しましょう。

- 寝汗《ねあせ》対策として、背中にタオルを入れておき、途中《とちゅう》でそっと抜《ぬ》き取れば、寝冷《ねび》え防止に。
- 窓を開ける場合、網戸《あみど》にしたり、蚊帳《かや》を使うなど、防虫対策をしましょう。
- 扇風機《せんぷうき》やクーラーの風は、直接当たらないように注意。

快適お昼寝のアイデア

クーラーを効《き》かせずに、涼《すず》しくお昼寝をするアイデアをご紹介《しょうかい》しますので、試《ため》してみてください。

- ベランダや庭に打ち水をすると、温度が下がり、涼しい風が入ってきます。ただし、日なたにまくとかえって温度が上がるので、日陰《ひかげ》にまいてください。
- 子どもの足の裏に冷却《れいきゃく》シートを貼《は》ると、気持ちよさそうに寝てくれます。
- シーツの下に、イグサのゴザをしくと、熱がこもらず涼しく寝られます。

気になるトイレトレーニング

いずれおむつは外《はず》れるとわかっていても、実際どうしたらいいのかと迷ってしまうトイレトレーニング。子どものどんな時期に、ママはどう働きかけたらいいのでしょう。

おむつ外しはタイミングが大切《たいせつ》

早くおむつを外そうとした昔とは違い、今はそれぞれの子どもに合った時期を待つ、という考え方が浸透《しんとう》してきました。とはいえ子どもがひとりで歩き、おしゃべりもできるようになると、いつ頃おむつからパンツに替《か》えようかと、気になるママも多いはずです。

子どもの成長には個人差があるので、トレーニングの開始時期は月齢《げつれい》で考えるより、身体《しんたい》の発育具合で判断するとよいといわれています。いつ始めたらいいのか見極《みきわ》めるポイントを知っておくとよいでしょう。

少なくとも、トイレで用《よう》を足《た》せるためには、自分で椅《い》子《す》に座《すわ》れる、大人《おとな》が話しかける言葉をある程度理解し、自分からも言葉を発して意思《いし》を伝えられる、などの条件を満《み》たしていることが必要です。また、おしっこを溜《た》めておく膀胱《ぼうこう》機能が発達することも、おむつが外《はず》れる準備が整《ととの》ったという大切な目安となります。発育状態を確認するサインをいくつか挙《あ》げましたので、そのサインを見極めて、トイレトレーニングを始めましょう。

トイレトレーニングのテクニック

先輩ママに聞く トレーニングアイデア

●補助便座をのせたトイレに踏《ふ》み台《だい》などを置き、便座に自分で座れるようにした。

●好きなキャラクターのパンツをはかせたら、子どもは汚《よご》したくないので失敗が減った。

●うんちの後は、「上手に拭《ふ》けたかな」と言って、ママがチェック。きちんと拭けていたら必ず褒《ほ》めた。

●トイレでおしっこやうんちができたら、カレンダーに好きなシールを貼《は》らせるようにした。

●絵本を使ったトイレトレーニング。

1 開始を決める子どものサイン

●おしっこの間隔《かんかく》が2～3時間あく（おむつ交換《こうかん》時に濡《ぬ》れていない）。

●ズボンとパンツを自分で脱《ぬ》げる。

●トイレに興味《きょうみ》が出てきて、のぞいたり、入りたがったりする。

●おしっこが出る前に、「股《また》に手をあてる」「もじもじする」「ママのそばに来《く》る」といった特別な行動をする。

3 夜のおむつ卒業まで

夜間のおしっこ量を抑《おさ》える抗《こう》利尿《りにょう》ホルモンの働きやおしっこを溜めておける膀胱《ぼうこう》の大きさが整えば、おねしょをしなくなるといわれています。それまでは、次のことに気をつけましょう。

●夜中に子どもを無理に起こして、トイレに連れて行かない。

●水分はできるだけ日中に与《あた》え、夕方から量を減らす工夫《くふう》をする。

●おねしょをしても、決して叱《しか》らない。

2 トレーニング方法と注意点

●「おまる」「パンツ」「濡れた」「ビショビショ」など必要な言葉を教える。

●衣服の脱《ぬ》ぎ着《き》、特にパンツの上げ下ろしなどを、日頃《ひごろ》から練習させる。

●子どもがトイレへ行きたがったら、出なくても便座に座る練習をさせる。

●子どもがおむつにおしっこをするのがわかったら、「今度はトイレでやってみよう」などと声をかける。

●そろそろ出そうなときに「おしっこ行こうか」とトイレへ誘《さそ》う。

●トイレでおしっこができたら、褒《ほ》める。

子どもの「困った行動」対処法

「うちの子は泣き虫」
「すぐかんしゃくを起こすんだから」などと、
子どもを「困った子」と思っているママへ。
「困った」行動の陰《かげ》に隠《かく》れている、
子どもの本当の気持ちを知っていますか。

「抱《だ》っこして」と言えない子もいる

「困った行動」をする子どもを持つ親は、自分を責《せ》め、いい子にしようと、叱《しか》ってばかりで、疲《つか》れきってしまうことがあります。でも、子どもの「困った行動」は、実は「子どもなら普通《ふつう》のこと」と言えるものがほとんどです。不安や緊張《きんちょう》を、泣いたりだだをこねたりして、少しずつ発散させている、とも考えられます。

子どもは本来、泣いたり甘《あま》えたりして育つもの。しかし、なかには泣き下手《べた》、甘え下手で「抱っこして」と言えない子もいます。「ママは忙《いそが》しいんだ」と甘えたいのをがまんしてしまうのです。優しい子なのに、「いい子になれない」自分に対する子どもなりの葛藤《かっとう》が積《つ》み重《かさ》なって、「困った行動」になってしまうこともあるのです。

解決法は、こうした子どもの気持ちを受け止めて、パパやママが「愛している」としっかり伝えること。大切《たいせつ》に思われているという安心感は、子どもの自信となって自然な成長を促《うなが》し、将来ほかの人たちと広く信頼《しんらい》関係を築くための基盤《きばん》ともなります。

「困った行動」 4つのタイプと解決法

「困った子」解決法 5 カ条

1. 子どもの「いいところ」を見る。
2. 「頑張《がんば》っている」気持ちに共感する。
3. 1日1回、しっかり抱《だ》きしめる。
4. 子どもはママ・パパが大好きと知る。
5. 「困った子」は「いい子」と心得《こころえ》る。

3 飽《あ》きっぽい

新しいオモチャを与《あた》えても、喜んで遊ぶのは数日だけ。すぐに飽きてぐずる子は、飽きっぽいのではなく、「もっとママと遊びたい」のかもしれません。

ほかに、ひとり遊びをしているときはテレビを消す、余計なものを片付けるなど、集中しやすい環境《かんきょう》を整《ととの》えることも大事です。

4 乱暴・かんしゃくを起こす

突然《とつぜん》キレてお友だちをたたくので、ママはいつも謝《あやま》ってばかり。そんな子は怒《おこ》り出すと、壁《かべ》に頭をぶつけるなどして、自分さえ傷つけてしまうことも。子どもが人を傷つけそうになったら、ママがしっかり抱きとめてください。気に入らないと抵抗《ていこう》するのは、自分の意《い》思《し》があるということでもあります。そのうち言葉で自分の気持ちを表現したり、別の方法で怒《いか》りを発散したりできるようになります。

1 何でもないことでも、すぐ泣く

持っていたものを落としただけで、泣き出す子がいます。泣くことも大事なコミュニケーションの一つ。泣きやませようとするのではなく、「びっくりしたねえ」「さびしかったね」「よくがまんしたね」と泣きたい気持ちに共感してあげてください。なかには「泣いてはいけない」と思いながら泣く自分自身に怒《おこ》っている場合もあるほどです。

2 ママから離《はな》れられない

ママ以外の人はダメで、祖父母やパパに預《あず》けることもできない子もいます。その子にとって、今一番安心できるのがママのそばだから、ママにくっついているのです。

甘えたい時期には個人差があるので、ほかの子と比べずに、甘えに付きあってあげましょう。甘えたい時期にしっかり甘えた子のほうが自立しやすい、といった研究《けんきゅう》報告もあります。

お手《て》伝《つだ》いはいつから始めるの？

子どもは一人歩《ある》きができるようになると、行動範囲《はんい》も広がり、いろいろなことに興味《きょうみ》を持ち始めます。危なっかしくてつい手を出してしまいがちですが、今が、お手伝いを始めさせる絶好のチャンスです。

お手伝いしたい気持ちを育てる

お手伝いを始めさせる時期として、チェックしたい項《こう》目《もく》が2つあります。それは、「ものが握《にぎ》れる」ということと、「大人の働きかけが理解できる」ということ。言葉が話せなくても、大人の言っていることがわかるようなら、簡単なことから始めましょう。

いきなり難《むずか》しいお手伝いを要求すると、できなかったことに落胆《らくたん》するばかりか、せっかくのやる気もなくしてしまうので気をつけて。まずは子どもが確実にできることから始めて、うまくできたときは思いきり褒《ほ》めてあげましょう。

せっかくお手伝いをしているのに、失敗したり、途《と》中《ちゅう》で投げ出したり。ここでつい叱《しか》ったり急がせたりしがちですが、ぐっとこらえて、おおらかに対応しましょう。この時期は、お手伝いしてもらうことが目的なのではなく、親子のコミュニケーションを豊かにすることや、子どもにお手伝いができる喜び、役に立つ喜びを知ってもらうことが目的なのですから。

幼児にできるお手伝い

3 洗濯《せんたく》のお手伝い

●洗濯物を干《ほ》すときに手渡《てわた》してもらいましょう。タオル、ハンカチなど物の名前も同時に覚《おぼ》えていくことができます。

●ピンチから洗濯物を外《はず》すお手伝い。子どもの力では意外《いがい》に難《むずか》しく、指先の力をつけるには良いお手伝いです。指先に力がつくと、鉛筆《えんぴつ》やお箸《はし》も上手《じょうず》に持てるようになります。

●洗濯物をたたむときに、靴下《くつした》を並べて同じものを探してもらいます。見つける喜びと同時に、パパの靴下の大きさと自分のものとの違いなどの発見も楽しめます。

お手伝いから学ぶこと

●**食器を運ぶ**…落とさないように気をつけるので、集中力がつく。

●**料理のアシスト**…好《す》き嫌《きら》いがなくなる。

●**片付《かたづ》ける**…何をどこに片付けるかを学ぶことで、分類する力を獲得《かくとく》できる。

●**お手伝い全般《ぜんぱん》**…子どもが身をもって体験することで親の仕事を理解し、「今、手が離《はな》せないから待っててね」という言葉も聞き分けやすくなる。

1 炊事《すいじ》のお手伝い

●もやしの根取《ねと》りやインゲンの筋取《すじと》り、レタスをちぎるなど、簡単なものから始めましょう。野菜を積極的に食べるようになる効果も。

●テーブルを拭《ふ》くのは、1歳児にもできます。食事の前にテーブルを拭くのは○○ちゃんの役目と習慣《しゅうかん》にします。

●2歳くらいになると、食器を並べる、食べ終わった食器を運ぶといったことも任《まか》せられるようになりますが、お箸《はし》など先のとがったものを運ぶときは十分注意を。

2 掃除《そうじ》のお手伝い

●使い終わったティッシュなどのごみを、ごみ箱に捨てることからスタート。あくまでもお手伝いとして頼《たの》むことで、人の役に立つ喜びを知ります。

●ぞうきんがけなども小さいうちからできますが、洗剤《せんざい》は肌《はだ》への刺激《しげき》が心配。水拭《みずぶ》きか、から拭きを手伝ってもらいましょう。

芽《め》生《ば》えた意《い》欲《よく》を応《おう》援《えん》する

ついこの間まで、身の回りのことをすべてママに世話されていた子どもが、ある日「自分でする！」と意思表示。赤ちゃん時代からの卒業です。上手《じょうず》に応援してあげましょう。

「自分でする！」は大切《たいせつ》な一歩

1歳を過ぎると、子どもの手足の力は一段としっかりして行動半径《はんけい》が広がり、好奇心《こうきしん》も旺盛《おうせい》になってきます。「自分でする！」という意思表示が目立ってくるのもこのころです。

「自分でする！」と言っても、最初は本当にできるわけではありません。かえって散《ち》らかしたり汚《よご》したり、時間がかかってイライラさせられることも多く、思わず怒《おこ》ってしまう場面もあるでしょう。

「自分で」という行動は、わがままとは違い、立派な自《じ》我《が》の表れです。失敗しながら学び、自分でできたという達成感《たっせいかん》を味わうことは、もっと挑戦《ちょうせん》しようとする次の意欲につながり、将来に続く大切な一歩になるのです。

ただし、小さいことでも「自分で」の意欲《いよく》が発揮《はっき》されると、現実《げんじつ》問題としては手間がかかり、面倒《めんどう》なことも確《たし》かです。そこで、ママの負担が大きくならないように、子どもをどうサポートすればいいか考えてみました。ぜひ子どもの「自分でする！」を応援《おうえん》してあげてください。

自立の第一歩を応援する！

3 着《き》替《が》え

着替えと一緒《いっしょ》に、脱《ぬ》いだ服を自分でたたませるといい習慣《しゅうかん》になります（簡単なたたみ方で十分）。

● **1歳ごろ**…自分で手足を動かして積極的に着替えようとしたら、「右足を入れて」「バンザイして」など、親が声かけをしながら着替えさせる。

● **2歳ごろ**…もっと「自分で」と意欲的《いよくてき》になった場合、親は手を出さず、「上手《じょうず》ね。おそではこっちよ」など、教える。また、脱ぐことのほうが簡単なので、まずは自分で脱ぐ練習を促《うなが》すとよい。

● **3歳ごろ**…はめやすい大きさのボタンがついた服を用意。親も一緒に着替えて、「ほら、一緒ね。ママも今ボタンをはめているところ！」などと言って、見せる。

1 食事

● **料理**…スプーンを使って上手に食べられない1歳ごろは、ニンジンのスティックや小さいおにぎりなど、手づかみで食べやすいものを用意する。

2歳を過ぎて歯が生えそろうころには、噛《か》み切れるものはひとくちサイズにせず、大きいままお皿にのせる。自分で工夫して食べる練習に。

● **食器**…幼児用の軽い食器やお椀《わん》などは倒《たお》れやすく、重い器《うつわ》のほうが安定する。背の高いコップは、ひじなどでひっかけやすいので、避《さ》ける。

● **エプロン**…ごわごわしない材質で防水のものが便利。時にはタオル地のエプロンをさせ、「こぼすと濡《ぬ》れて気持ちが悪い」という体験をすることも大切。

2 歯《は》みがき

大事なことは、歯みがきを嫌《いや》がらないようにすることです。

● **1歳ごろ**…歯ブラシを持ちたがったら、赤ちゃん用を持たせる。「上手《じょうず》ね」と褒《ほ》め、仕上げは親がする。

● **2歳ごろ**…口の中でぶくぶくとうがいができるようになったら、みがき方を教えるチャンス。無《む》理強《りじ》いせず、親とのスキンシップの時間と考える。

● **3歳ごろ**…うがいも上手になるので、歯みがき剤《ざい》をつけてみがけるようになる。3歳児《さいじ》歯科検診《けんしん》の際に正しいみがき方を指導してもらうとよい。

どうやって選ぶ？子どものおもちゃ

どんなおもちゃがいいか、
迷ったことはありませんか。
おもちゃは子どもの五感を刺激《しげき》し、
身体《しんたい》能力や、子どもの心を育ててくれるもの。
遊び方と併《あわ》せて、考え直してみましょう。

「親子で遊ぶ」を基準に選ぶ

おもちゃを選ぶときは、成長段階に合ったものを選ぶことが大切《たいせつ》です。子どもは、実際に見て、音を聞き、手で触《さわ》り、時には口に入れて、その感触《かんしょく》を確《たし》かめることで、考える力を発達させていきます。たとえば、同じ組み立てブロックでも、サイズはいろいろ。子どもの手の大きさに合った、持ちやすいものを選んであげましょう。

もう一つ大切《たいせつ》なのは、パパやママも一緒《いっしょ》に遊んであげること。どんなおもちゃでも、与《あた》えただけで子どもに「ひとりで遊びなさい」というのは、無理な話です。逆に、はじめは興味《きょうみ》を示さないおもちゃでも、親が楽しそうに遊んでいれば、子どもは引きつけられてきます。楽しく遊んでいるうちに、子どもが喜ぶこと、好きなもの、興味を持っているものについてもわかってきます。

おもちゃは、親子で一緒《いっしょ》に遊べるもので、成長段階に合ったもの、知育《ちいく》・情緒《じょうちょ》の発達に役立つもの、安全性が高いもの、長く遊べるものなどの条件を満《み》たしたものを選びましょう。

こんなおもちゃと出合わせたい

安全・安心なおもちゃはマークを参考に選ぶ

誤って飲《の》み込《こ》んだり手を切るなどけがをしたり、おもちゃによる事故は少なくありません。子どもの年齢《ねんれい》に応じて、口に入るような小さいものや鋭《するど》いものを避《さ》けるのはもちろんですが、ほかに材質や塗料《とりょう》などの安全性を確認する方法として、日本のおもちゃ業界の基準に合格したことを示す「STマーク」をチェックするとよいでしょう（三輪車など大型のものには「SGマーク」、欧州《おうしゅう》の製品には「CEマーク」が付きます）。

ミツロウは、クレヨンや粘土《ねんど》などの製品のほか、おもちゃのワックスとしても使われます。働《はたら》き蜂《ばち》が作る天然素材なので、口に入れても安心です。

STマーク

SGマーク

「知育玩具《ちいくがんぐ》」ってなに？

「知育玩具」は遊びながら五感を刺激《しげき》して情緒を育てたり、自然に数字や文字を覚《おぼ》えるなど、子どもの知能を育てます。

積み木やブロックも知育玩具のひとつです。

世界各国で研究されていますが、イスラエルは知育玩具の先進国といわれており、特に生後２～３年に発達する赤ちゃんの能力に着目したおもちゃを多く開発しています。

夢中で遊んでいるおもちゃ、お友だちが欲しがったら？

遠慮《えんりょ》して、「譲《ゆず》ってあげなさい」と自分の子にがまんさせてしまうママも多いのでは？思いやりの心を育てると考えがちですが、実は子どもには大きなストレスとなります。

子どもは満足するまで遊んだら、自分から区切りをつけられるもの。無理に譲らせることで集中力を妨《さまた》げたり、挫折感《ざせつかん》を抱《いだ》かせたりしないようにします。自分の子がお友だちのおもちゃを欲しがったときには、「後で貸《か》してもらおうね」と納得させましょう。

+1 plus one!

長く遊べるおもちゃの条件

長く遊んだおもちゃは、幼い頃の思い出として親子ともに覚《おぼ》えているものです。

1. 見ているものではなく、能動的に遊ぶものであること。
2. シンプルな形状のもの。子どもは、大人には思いつかないような遊び方を発見することもある。
3. 流行に左右されない、定番のおもちゃ。

どうやって選ぶ？子どもの靴《くつ》

我が子が歩き始めるとき、その歩く姿を見るだけで感激しますが、まだ幼児の足は未発達です。子どもの足の成長や、すぐに小さくなってしまう子どもの靴の選び方について、考えてみましょう。

子どもの足は「立って歩いて」完成

赤ちゃんの足には土《つち》ふまずがありません。土ふまずは二足でしっかり立ち、走り回れるようになる3～4歳ころから、6歳ころまでに形成されます。幼児の足は大人と違い、かかとの骨が未発達。小さな骨があるだけで、ほとんどが軟骨《なんこつ》です。指の骨が長いのも特徴《とくちょう》。

歩行が始まると、幼児はつま先に力を入れて、両足を開いたままよちよち歩きます。大人のように足裏の重心移動がうまくできないので、一直線には歩けません。年《ねん》齢《れい》とともに骨も発達し、歩行を続けるうちに筋肉、靭帯《じんたい》も強くなり、土ふまずのアーチが形成されます。

この土ふまずは体重を支えたり、姿勢のバランスを保ったり、地面から受ける衝撃《しょうげき》を吸収したりする大切《たいせつ》な役割を果《は》たします。やがて土ふまずが形成されるころには、骨も7割程度完成し、重心移動も上手《じょうず》になって、安定して歩けるようになります。

毎日の生活の中で、足の発達をサポートできることがあります。足にとって効果的な運動も紹介《しょうかい》しましょう。

足の発達をサポートしましょう！

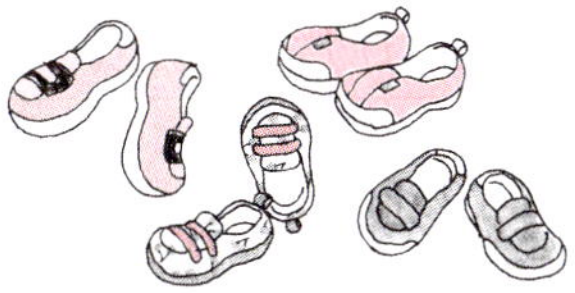

先輩ママに聞く 靴選び

- 子ども用の計測器《けいそくき》を置いているところやシューフィッターがいるところでジャストサイズを選びました。
- 子どもの足を研究しているベビーグッズメーカーのものが、子どもには履きやすそうでした。
- 必ず立って履かせ、少し歩かせました。実際に歩かせてみないと、絶対後悔《こうかい》するので。

3 裸足《はだし》で歩かせる

幼児は裸足で歩くと、指の先に力を込《こ》めて地面をつかむようにして歩きます。そのため、裸足で土や芝生《しばふ》の上を歩かせると、足の発育に大変効果的です。

近くに裸足で歩ける環境《かんきょう》がなければ、室内で靴下《くつした》を脱がせて遊ばせるだけでもよいでしょう。

毎日裸足で歩いているうちに、足の皮膚《ひふ》も少しずつ厚く丈夫《じょうぶ》になっていきます。

1 正しい靴《くつ》選び

● 必ずジャストサイズを

フィッティングするときは、立った状態で履《は》かせる。できれば、大きめの靴を長く履かせるより、ジャストサイズのものを履かせ、買《か》い換《か》えるほうが足のためによい。

● そのつど履かせてみる

成長にしたがって足幅《あしはば》も変わるので、同じメーカーの製品がずっと合うとは限らない。そのつどフィッティングさせる。

● 足指が靴の中で動かせる構造がベスト

つま先が広く、少し余裕《よゆう》があるもの。甲《こう》の部分が全開するタイプが着脱《ちゃくだつ》も楽。足が靴の中で滑《すべ》るのを抑《おさ》えるには、マジックテープやベルトで足幅《あしはば》を調節できる靴を選ぶとよい。

● お下《さ》がりは避《さ》ける

他の人が履いたお下がりは、靴に足癖《あしくせ》がついているのであまりおすすめできない。

2 遊びながら足指運動

フィンガーウォーク

足の指を伸《の》ばしたり縮めたりして、指を使って歩く運動です。

少しずつしか進めない歩行が、逆に子どもにとっては面白《おもしろ》い動きに思えるようです。少し難しいですが、ママと楽しく競争しましょう。

良《よ》い姿《し》勢《せい》を身につけよう！

姿勢の良し悪《あ》しは、集中力に影響《えいきょう》を与《あた》えるといわれています。小さいうちに、無理なく良い姿勢を身につけさせたいものです。気をつけるポイントをご紹介《しょうかい》しましょう。

良い姿勢は集中力を増す！

集中力は、勉強やスポーツなど、あらゆる場面で必要になる力です。姿勢を良くするとこの集中力が増《ま》すといわれています。バランスのとれた姿勢を保《たも》てると、体の一部に負担がかかることなく、呼吸器《こきゅうき》系、循環器《じゅんかんき》系、消化器《しょうかき》系などの内臓が正しく機能するためと考えられます。良い姿勢を身につけるには、体の中心線を安定させる必要がありますが、それは大人《おとな》になってからすぐに身につくものではありません。足腰《あしこし》をしっかり鍛《きた》えることを意識し、日頃《ひごろ》の動作が偏《かたよ》らないように気をつけるなど、子どものうちから習慣《しゅうかん》にすることが大切《たいせつ》です。

まず、よく歩かせる、外で体を動かして遊ばせる、といったことから始めるとよいでしょう。正しい姿勢は、集中力を向上させるだけでなく、はつらつとした良い印《いん》象《しょう》を与《あた》えるなど、うれしい効果もあります。

ママの姿勢は子どものお手本になるので、子どもに正しい姿勢を教えるときは、ママも背筋《せすじ》を伸《の》ばすなど、自分の姿勢を意識しましょう。

姿勢の良い子の育て方

姿勢を整《ととの》えるストレッチ

●背中を反《そ》らせて〝シュワッチ！〞

❶床《ゆか》の上にうつ伏《ぶ》せに寝《ね》る。
❷両腕・両脚を真っすぐ伸ばす。
❸背中を反らせて「シュワッチ！」と言いながら、両腕・両脚を床から上げる。
❹腕と脚を同じ高さにしバランスをとる。慣《な》れてきたら、そのポーズを10秒間キープ（手は耳の高さくらいまで上げるのが目安）。

●縦にグーッ！とストレッチ

❶両脚《りょうあし》を肩幅《かたはば》くらいに開き、両腕《りょううで》を上げて、手のひらを合わせる。
❷右脚に重心を移し、上にグーッと体を伸《の》ばす。
❸次に、左脚に重心を移し、上にグーッと体を伸ばす。
左右交互《こうご》に10秒から20秒くらいかけて、ゆっくり伸ばしましょう。

良い姿勢のための 5 つのポイント

1. よく歩かせる。
2. 体を使って遊ばせる。
3. 食事やテレビを見るときは
   背筋を伸ばすように教える。
4. 体に合った机《つくえ》とイスを用意する。
5. 姿勢が悪い、同じ姿勢を
   長く続けたと感じたら、
   ストレッチで背筋を伸ばさせる。

姿勢《しせい》チェック

❶食事をするときは正座《せいざ》をするか、イスなら背筋を伸ばして両足を床《ゆか》にきちんとつけて浅めに腰掛《こしか》ける。
❷テレビを見るときは、横座《よこずわ》りや前かがみになる体育座りをせず、正座かイスに背筋を伸ばして座り、正面から見る。
❸絵本を読むときは、目を本から離《はな》し、前かがみにならないように背筋を伸ばす。

言葉の発達と親の「言葉かけ」

泣いてばかりの赤ちゃんを前に「早くしゃべらないかなぁ」と思うママもいるでしょう。実は言葉を習得《しゅうとく》するための準備を、赤ちゃんはすでに始めているのです。

泣くだけの時期も話しかける

　最初赤ちゃんは泣くことでしか、自分の状態や気持ちを伝えることができません。「赤ちゃんが話せたら、どんなに楽だろう」と思うこともあるでしょう。しかし、赤ちゃんが言葉を発するまでには、発達に必要な段階があります。泣いてばかりいる時期も、言葉の習得のための大切な導入期《どうにゅうき》といえるのです。

「泣くと、世話をしてもらえる」と、ママとの信頼《しんらい》関係が外の世界へ発信する意欲《いよく》につながるといわれています。また、この時期にかけられた言葉を経験と結びつけて、自分のなかに蓄《たくわ》えていきます。乳幼児期に言葉かけを受けて育てられた子と、そうでない子とでは、明らかに言語能力の発達に差が出るという説もあります。

　とはいえ、はじめての子育てでは、どう言葉かけをしたらいいか戸惑《とまど》うことも多いでしょう。月齢《げつれい》による言葉の発達段階の目安と親からの言葉かけのポイントを左ページにまとめましたので、参考にしてください。赤ちゃんの様子《ようす》を見ながら言葉かけをしてあげましょう。

赤ちゃんの成長と親の語りかけ方

赤ちゃんの言葉の発達段階

（発達には個人差があるので、目安としてください）

月齢	行動
0か月から	不快感《ふかいかん》から泣く。
1か月ころから	欲求《よっきゅう》などを伝えたくて泣く。
4か月ころから	あやすと声を立てて笑う。
2か月〜7か月	「あー」など喃語《なんご》が出る。
10か月ころから	「ママ」など単語をいう。
1歳6か月ころから	二語文をいう。
2歳3か月ころから	疑問文、否定文をいう。

段階別・赤ちゃんへの言葉かけ

0〜6か月　「よく聞いている」時期

不快感から泣くだけの時期は終わり、何かを要求して泣くようになる。泣くと応《こた》えてくれる親の存在を意識し、表現しようとする意欲《いよく》が生まれる。そのため親の声や周囲《しゅうい》の音をよく聞いているので、赤ちゃんの「泣く」に応えながら、優しく言葉をかけるとよい。

➡ 赤ちゃんの世話をしながら実況中継。「おむつ替《か》えようね〜。さっぱりしたねぇ〜」など、言葉で伝える。

6か月〜1歳　「言葉がわかり始める」時期

言葉をその時の状況《じょうきょう》や印象《いんしょう》で受け取ったり、口調の変化で感情の違いを感じ取ったりできるようになる。「あーあー」「だだ」などの喃語《なんご》が出る。興味《きょうみ》のあるものを指でさしたり、嫌《きら》いなものを手で払《はら》いのけたりして、意思表示をするように。赤ちゃんが指さしたものを言葉にしてあげるとよい。

➡ 赤ちゃんが興味をもって見たり、聞いたりしているものを、キャッチ。「ブーブーが通《とお》ったね」などと話しかける。

1〜2歳　「言語能力が伸《の》びる」時期

歩き始めるとともに世界や興味《きょうみ》が広がり、言語能力も一気に伸びる。「ママにちょうだい」といわれると、持っているものを渡《わた》すようになる。「ママ」「ブーブー」など、蓄《たくわ》えられた単語が少しずつ言葉として出るようになり、2歳前後になると「ママ、ねんね」など、二語文をいうようになる。単語だけでなく、簡単な文章で話しかけることも大切《たいせつ》。

➡ 「ワンワンが見ているね」など繰《く》り返《かえ》しの言葉を使ったり、2〜3語を使った短文で話しかけたりする。

家庭でできる楽しい音楽教育

子どもの音楽教育は、
プロの先生に任《まか》せることだと思っていませんか？
実は家庭の中でもできる、
楽しい音楽教育があるのです。
楽器を習う年齢の目安もご紹介《しょうかい》しましょう。

幼児期に伝えたい音楽の楽しさ

幼児期に音楽を楽しんだ経験は、とても大切《たいせつ》です。それは、誰もが子どものころに聴《き》いた曲、歌った曲を、よく覚《おぼ》えていることからもわかります。

そのため幼児期の音楽教育については、感受性期（臨《りん》界期《かいき》）が度々《たびたび》話題になります。

感受性期とは、ある分野《ぶんや》の能力を獲得《かくとく》するのに適《てき》した時期のことです。音感の感受性期は一般的《いっぱんてき》に3～9歳と言われていますが、この説に現在のところ科学的根拠《こんきょ》はありません。しかしこの時期に良い音楽を聴き、リズムをとって楽しんだ経験が、その後の音楽的才能を伸《の》ばすきっかけになることは十分に考えられます。

ただし、早いうちから子どもを音楽教室に通《かよ》わせることだけが、音楽教育ではありません。家庭で親が子どもと遊びながら音楽の楽しさを伝え、楽器《がっき》への興味《きょうみ》を持たせること、またたくさんの良い曲に耳を傾《かたむ》けさせる環《かん》境《きょう》をつくることも立派な音楽教育です。家庭でできる、音楽を楽しむ方法をご紹介します。

遊びながら音楽に親しむ

楽器を習《なら》う年齢《ねんれい》について

遊んでいるうちに子どもが楽器に興味《きょうみ》を持ったら、習い始めるチャンス。無理なく始められるのは何歳ごろか、子どもの身体的発達や楽器のサイズから考えてみましょう。

● **ピアノ**…鍵盤《けんばん》を弾くのに適した手になるのは６歳ごろ。無理なく楽しむ程度だったら、４歳前後でも可能。

● **バイオリン**…大人《おとな》用《よう》の16分の１の大きさから４分の３の大きさのものまで楽器のサイズを選べるので、サイズが合えば小さいときから始められる。３歳ごろから可能。

● **ギター**…子ども用のギターはあるが、バイオリンほど多くのサイズは用意されていない。７歳ごろからだと負担なく始められる。

● **ここに注意！**

親の希望だけで習わせると、途中《とちゅう》でやめてしまう結果になることも。「教育しなきゃ」と焦《あせ》らず、子ども自身が興味を持って楽しめる年齢になってから始めましょう。

1 歌いながら手遊び

わらべ歌や昔ながらの手遊び歌には、簡単で楽しいものがたくさんあります。歌と動きが一体になる楽しさを伝えましょう。

2 メロディーで遊ぶ

曲調が静かなものから激しいものなどに変化する曲を選び、変化を体全体で表現する遊びです。指揮者のように腕《うで》の振《ふ》り方《かた》で強弱《きょうじゃく》を表《あらわ》すのも良いでしょう。音楽を集中して聴き、メロディーを捉《とら》える能力を伸《の》ばします。

3 リズムで遊ぶ

手拍子《てびょうし》や足拍子《あしびょうし》でママが叩《たた》いたリズムを子どもにまねさせる遊びです。「パンパンパパパン」「パン　パパン　パン」などリズムを変えて楽しみます。子どもが叩いたリズムをママがまねをするのも良いでしょう。

4 楽器で遊ぶ

子どもに楽器を弾《ひ》かせ、ママがその音をハミングでまねをします。自分が弾いた音色《ねいろ》にママが反応《はんのう》することで、楽器を弾く楽しさを覚《おぼ》えます。

ママの歌ですこやか育児

ママが子守《こもり》唄《うた》や童《どう》謡《よう》を歌うことは、
赤ちゃんに優《やさ》しく話しかけるのと同じくらい、
子どもの成長にとって大切なことです。
さらに、ママの健康にも良い効果があります。
もっと歌ってみませんか？

ママの歌声には多くの意味がある

昔から母親たちは、小さな子どもを寝《ね》かしつけたり、泣いた子をあやしたりするのに、自然と子守唄や童謡を歌っていました。ところが最近では、子守唄を歌う習慣はなくなり、歌わないという人が3割以上いるといわれています。歌いやすいものが少ないことや、核家族化《かくかぞくか》が進み、育児情報もテレビや雑誌、インターネットに頼《たよ》るケースが増えたために、子守唄が伝承《でんしょう》されていないのかもしれません。

しかし、幼児期に家庭で歌を聞く環境《かんきょう》があるかないかは、子どもの心身《しんしん》の健康や成長に大きく影響《えいきょう》するといわれています。小さな赤ちゃんでもママの歌を繰《く》り返《かえ》し聞くことは、心が安定するだけでなく、音や言葉を学んでいく大切《たいせつ》なきっかけとなっているのです。

また、愛情を込《こ》めて歌うことは、子どものためだけでなく、ストレスを和《やわ》らげるなど、ママの心身の健康にもとても良い効果を生みます。子どもの成長と、自身の健康をもたらすママの歌。おおいに歌いましょう！

歌って楽しく子育て

腹式《ふくしき》呼吸でリラックス

腹式呼吸の練習をしてみましょう。

- 体の力を抜《ぬ》いて、お腹《なか》をへこませながらゆっくり息を吐《は》き出《だ》す。
  （10秒～15秒くらいかけて吐くイメージ）
- 息を全部吐ききる前に、へこんだお腹の丹田《たんでん》（おへその下）辺《あた》りへ、自然に空気を入れるように鼻から吸《す》い込《こ》む。
- その空気をお腹の中に溜《た》めたイメージを描《えが》いてから、またゆっくり息を吐く。

難《むずか》しい場合は、仰向《あおむ》けに寝《ね》てゆっくり鼻呼吸してみてください。お腹が上下して膨《ふく》らんだり、へこんだりするのを見ると、腹式呼吸のイメージがつかみやすくなります。

子どもへの働きかけ

子どもが興味《きょうみ》をもち、お気に入りの歌があったら、繰り返し聞かせてあげましょう。子どもは歌を聞いて音だけでなく、言葉も覚《おぼ》えていくようになります。

生後半年ぐらいまで

スキンシップが多いこの時期は、ママがたくさん歌ってあげるチャンス。寝かしつけるときや抱《だ》っこで子どもがご機嫌《きげん》なときに、優しく歌ってあげましょう。

8～9か月頃を過ぎたら

この頃から、子どもはおすわりをして、おもちゃを手に持ち、振《ふ》って音を出して楽しんだり、ママが歌うと、リズムに合わせて体を動かしたりします。

1歳代後半から

子どもの音感が発達する時期。テレビの幼児番組の歌に合わせて声を出したり、ダンスや体操に合わせて体を動かしたりするようになります。

歌うことがママの健康に良い理由

1. 筋肉の収縮《しゅうしゅく》運動が行われ、有酸素《ゆうさんそ》運動と同じ効果がある。
2. 腹式《ふくしき》呼吸ができると、代謝《たいしゃ》や血行、消化《しょうか》機能が良くなる。
3. 脳内の神経伝達物質であるセロトニンが活性化され、心が安定し、前向きになる。
4. 歌うときの深い呼吸で横隔膜《おうかくまく》が動き、その刺激《しげき》が脳の視床《ししょう》下部に伝わり、自律神経を調整する。
5. 声を出すには、体の中心軸《じく》を安定させる必要がある。中心軸がしっかりしていると全身の力《りき》みが抜《ぬ》けて自然体になる。

大丈夫？育児ストレス

子育ては、「予測不可能」、「思い通りにならない」の連続。ストレスでいっぱいのママも多いことでしょう。上手に気分転換して、この時期を乗り切りましょう。

子育ては想像以上に大変

「寝顔《ねがお》はこんなにかわいいと思って見ていられるのに、どうしてさっきはあんなにイライラしたんだろう」。こんな思いを多くのママたちが持っているのではないでしょうか。

赤ちゃんは本当に手がかかります。出産後は睡眠《すいみん》時間が激減。疲《つか》れていても、一日中赤ちゃんを中心にした生活で、食事さえ落ち着いてできません。

夜泣きやたそがれ泣き（夕方に決まって泣くこと）が始まると、泣く理由がわからない心配と疲労《ひろう》から、一緒《いっしょ》に泣いてしまったママも多くいます。パパが協力し、話を聞いてくれればまだしも、一人きりで対処せざるを得ない孤独《こどく》感・不安感は想像以上でしょう。悩みを抱えたママたちは、遠くへ出かけたり、時間をかけたりしなくても、ストレスを上手に解消することが大切《たいせつ》です。

ママの笑顔《えがお》は家族を明るく幸せにします。ちょっとしたアイデアを紹介《しょうかい》しますので、忙《いそが》しい子育ての合間《あいま》を利用して、ぜひ〝息抜《いきぬ》き上手〟になってください。

簡単リフレッシュでストレス解消

子育て中のイライラ対策 5 カ条
イライラしたら唱《とな》えよう！

1. ママは悪くない、疲れているだけ。
2. 手がかかる時期はいずれ終わる。
3. 今しなくちゃと思わなくていい。
4. ママの息抜きは家族の幸せ。
5. ママの笑顔は子どもの栄養。

1 子どもを見守りながら「部分浴《ぶぶんよく》」

テーブルの上でひじ浴…洗面器《せんめんき》に湯を入れ、お気に入りのアロマオイルを２～３滴《てき》たらして両ひじをつける。
床《ゆか》の上で足浴…バケツに湯を入れ、アロマオイルを２～３滴たらし、いすに座《すわ》ったまま両足をつける。
【注意】ママがその場を離《はな》れるときは、子どもがいたずらをすると危険なので、洗面器やバケツの湯は必ず片付《かたづ》ける。

2 子どもに添《そ》い寝《ね》しながら「お手軽エステ」

子どもが昼寝《ひるね》をしている間に、家にあるものを利用してエステ気分を味わおう！
❶レモン汁《じる》を加えた水にタオルをつけて絞《しぼ》り、電子レンジで温《あたた》め、蒸《む》しタオルにする。
❷肌《はだ》に気持ちよい温度まで冷《さ》ました蒸しタオルを顔にのせて、毛穴を開かせる。
❸ティッシュ２枚に化粧水《けしょうすい》を含《ふく》ませ、鼻の穴をふさがないよう１枚を顔の上部、１枚を顔の下部にのせてパックする。

3 ショウガでイライラ沈静《ちんせい》

沈静作用、体温上昇《じょうしょう》効果、消化促進《しょうかそくしん》作用、殺菌《さっきん》作用などがあるショウガを利用したショウガ入り紅茶はいかがでしょうか。温《あたた》かい紅茶を注《そそ》いだティーカップに、すりおろしたショウガ小さじ１杯《ぱい》と蜂蜜《はちみつ》や砂糖などを入れていただきます。

4 上体のストレッチ

❶子どもが座《すわ》っている前でうつ伏《ぶ》せに寝《ね》て、両腕《りょううで》と両脚《りょうあし》をまっすぐに伸《の》ばす。
❷両腕のひじを床《ゆか》につけて上体を起こす。
❸息を吸《す》いながら、両腕を伸ばして腰《こし》を反《そ》らし、子どもに「ばー」と言いながらあごを上げて天井《てんじょう》を見る。

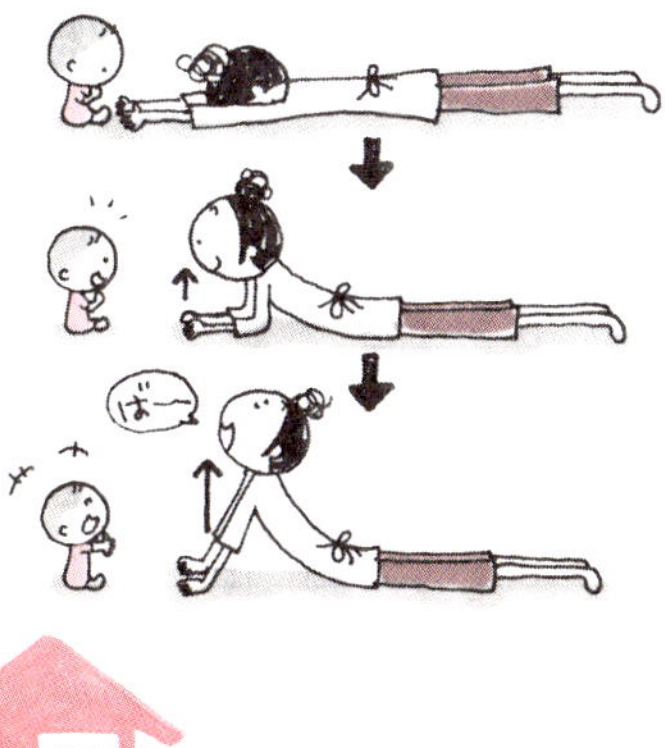

子《こ》連《づ》れ旅行大作戦

子どもを連れてでかけるのは、とても楽しみな半面、準備や持ち物、目的地までの移動時間の過ごし方など、不安なことも多いでしょう。そこで、解決策《かいけつさく》を考えてみました。

子どものことを第一に

大人《おとな》だけで出かけるときと違って、楽しい子連れ旅行にするには、子どもの負担《ふたん》をいかに軽くするかが重要。そのため、次のような注意が必要です。

①見落としがちなのは、自宅から飛行場やターミナル駅までの所要時間や乗《の》り換《か》えの大変さ。大人のペースで計画しないように注意。

②移動中、子どもがぐずったときに備えて、座席の位置は出入り口付近に確保する。また、飛行機などは子ども向けサービスがある便《びん》かを調べる。

③滞在先《たいざいさき》の環境を考える。緊急時《きんきゅうじ》に救急車を呼べる道路状況《じょうきょう》でないところや、寒暖《かんだん》の差が極端《きょくたん》な場所などは、子どもが小さいうちは避《さ》けたほうがよい。

④予防接種を受けた直後や、怪我《けが》をして傷口《きずぐち》がふさがらないうちは旅行は避《さ》ける。旅行の直前に熱を出したら中止する勇気も大切《たいせつ》。

旅行中は子どもの体調を第一に考えて、途中《とちゅう》でプランを変更《へんこう》してもよいという柔軟《じゅうなん》な姿勢で。

子連れ旅行もこれで大丈夫！

移動中に静かに長く遊べる工夫《くふう》

公共の交通機関で長時間移動する場合は、子どもを飽《あ》きさせずに、静かに遊ばせることが、ママにとって最大の課題《かだい》。子どもは意外にシンプルなもののほうが長く遊びます。

●ひも

30㎝程度の太めのひもを何本か用意。結び目を作ったり、ひもとひもをつなげたりするだけでも長時間遊べる。

●ハンカチ

ネズミを作って（120頁参照）、ごっこ遊び。色や大きさの違うハンカチを、多めに持って行くとよい。

●折り紙

風船、箱、パクパクなどをママも一緒《いっしょ》に折り、折ったものを使って、ごっこ遊びを楽しむ。

+1 plus one! 交通機関の中でのタブー

1. 音の出る玩具《がんぐ》で遊ぶ。
2. 匂《にお》いの強い食べ物を持《も》ち込《こ》む。
3. 大声で歌ったり、騒《さわ》いだり、親が叱《しか》る声が大きすぎるのもNG。
4. お菓子《かし》や飲み物などをこぼす。
5. 通路を動き回る。

あると役に立つもの

何気《なにげ》ない日用品が、旅先で力を発揮することがあります。持っていくと意外に役立つものをピックアップしました。

●バスタオル…薄《うす》めのものを1枚持参すると、ブランケット代わりや日よけ、授乳時の目隠《めかく》し、おむつ交換《こうかん》のときのシートとしてもマルチに使える。

●粉末飲料…麦茶やスポーツドリンクが、粉末だと、必要なときに少量作れる。

●密閉《みっぺい》できる保存袋《ふくろ》…鞄《かばん》の中に数枚入れておくと、残したお菓子《かし》や濡《ぬ》れたものを入れておける。

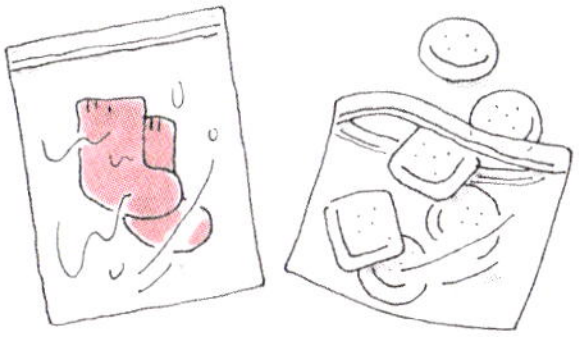

●子ども用スプーン＆フォーク…知らない場所での食事でも、普段《ふだん》使っているスプーンやフォークなら、子どもは安心する。

●酔《よ》い止《ど》めの薬…かかりつけの医師と相談して用意しておく。眠《ねむ》くなる副作用もあるので、医師に確認する。

子どもの写真上手《じょうず》に撮《と》るには？

かわいいわが子の姿を写真に上手に残したい！
親なら誰《だれ》でも、そう思うはず。
デジカメなら、気に入ったものだけ
プリントできるので、
たくさん撮って腕《うで》をみがきましょう。

ベストショットを撮るコツ

活発な子どもの写真を撮《と》るのはひと苦労ですが、コツさえ押《お》さえれば、感動の一枚《いちまい》を撮ることも可能です。

明るくシンプルな背景の場所を選び、子どもの目線の高さで撮るようにします。ズームを利用して、思い切りアップにするのも一策。意外《いがい》なことに、晴天の屋外《おくがい》は影《かげ》ができやすく、子どもも眩《まぶ》しがるため撮影《さつえい》には向きません。撮るなら、後方から日が差す日陰《ひかげ》に入りましょう。

最《もっと》も写真写りがいいのは、薄曇《うすぐも》り。室内なら、明るい窓際などで自然光を利用すると、ソフトな印象《いんしょう》になります。ストロボを利用しないとブレやすくなりますが、顔以外の手足などがブレたものは、動きのあるいい写真となることも少なくありません。

また、子どもは正面を向いた顔だけでなく、横顔、後ろ姿、小さな手足など、どこを撮ってもかわいいもの。小さな手とパパの手を一緒《いっしょ》に写すなどしても、楽しいでしょう。笑顔《えがお》のほか、泣き顔や寝顔《ねがお》なども忘れずに。笑顔でシャッターを押してあげましょう。

子どもの写真撮影テクニック

上手に撮るための基本 5 カ条

1. 屋外なら、薄曇りがベスト。
2. 室内では、ストロボより自然光を利用。
3. 余計なものは写さない。
4. 子どもの目線で撮る。
5. カメラマンも笑顔《えがお》で。

手ブレしないための撮影姿勢

普通の大きさのカメラの場合、左手の親指を側面に添《そ》え、残りの指で下から支《ささ》えるように、カメラは必ず両手で持ちます。両《りょう》脇《わき》を軽く締《し》め、膝《ひざ》はやわらかく構えましょう。できれば腰や背中を壁《かべ》などにつけると、より安定します。シャッターを押《お》すときは、息を止めます。

携帯《けいたい》電話のカメラを活用!

プリントをしたいなら、画面サイズは大きめに設定し直しましょう。通常、携帯のカメラは、メール送信用の小さなサイズに設定されています。撮影データは、メモリーカードに保存を。撮影前にはレンズを拭《ふ》き、手ブレしないよう両手で構えて撮りましょう。

背景はすっきり、が原則

良い写真を撮るためには、背景はとても大切。ファインダー内にゴミ箱や洗濯物《せんたくもの》など余計なものが入らないようにします。

背景がごちゃごちゃしているところよりも、すっきりしたカーテンや観葉植物などの前に赤ちゃんのイスをもっていくと良いでしょう。外で撮るときは、看板がうるさいところよりも、公園などのほうがきれいな写真に。背景が良くなかったら、思いきりアップで撮るのもおすすめです。

貴重な乳児期を記録するアイデア

乳児期は短く、あっという間に過ぎてしまうので、撮らずにいると後悔《こうかい》することになりかねません。ベビーバスを使った沐浴《もくよく》や授乳、ブカブカおむつ姿など、この時期ならではの様子《ようす》を撮影しておきましょう。

また、ぬいぐるみなど大きさがわかるものを1つ決め、生後3か月は週に1度、それを過ぎたら月に1度は曜日や日を決めて一緒に写すようにすると、成長がわかります。

家の中の事故防止対《たい》策《さく》！

子どもの事故やケガは、実は室内がいちばん多いといわれています。未然《みぜん》に防《ふせ》ぐために、日頃から注意が必要です。家の中をもう一度チェックしてみましょう。万が一誤飲《ごいん》した場合の処置もご紹介《しょうかい》します。

子どもの目線でチェックする

ママが隣《となり》の部屋《へや》にいる間に子どもの大きな泣き声が。急いで駆《か》けつけるとドアに指をはさまれていた、なんてことはありませんか。

見渡《みわた》せば家の中には、危険がいっぱい潜《ひそ》んでいます。特に冬はストーブやこたつなどの暖房《だんぼう》器具を使うので、やけどにも気をつける必要があります。

大人が思いもよらないものに興味《きょうみ》を示したり、昨日《きのう》までできなかったことができるようになり、行動範囲が広がったり、想像以上に高いところに手が届いてしまったりする場合もあります。子どもの目線になって、チェックしておきましょう。

コンセントやテーブルの角《かど》にはカバーをつける、踏《ふ》み台《だい》になるようなものは置かないなどの対策をします。子どもの成長とともに、室内の危険エリアも変化します。日頃《ひごろ》から子どもの視点で見るくせをつけましょう。

万が一、事故が起きてしまったら、あわてずに観察し、いつもと違った症状《しょうじょう》があれば早期に病院へ。

危険防止と応急手当

誤飲に注意！

誤飲は、すぐに吐かせなければならないものと、逆に吐かせてはいけないものがあります。誤飲の原因となりやすいものについては、覚《おぼ》えておきましょう。

誤飲・窒息《ちっそく》

突然《とつぜん》咳《せ》き込《こ》む、呼吸が苦しそう、顔色《かおいろ》が悪いなどの場合は、異物《いぶつ》がのどに詰《つ》まって窒息しかかっている危険性があります。ものが口《くち》の中に見えている場合は、子どもを横向きに寝《ね》かせて人差し指を頬《ほお》の内側に沿《そ》って入れ、かき出します。すぐに出てこないときは、救急車を呼びましょう。

子どもの口《くち》は500円玉より大きく開きます。誤飲の恐《おそ》れのあるものは、赤ちゃんの手の届かないところに置きましょう。

【誤飲した場合の処置】

- **化粧品《けしょうひん》、クレヨン**…水を飲んで吐《は》かせる
- **たばこの吸《す》い殻《がら》入り水**…吐かせてすみやかに受診
- **シャンプー、リンス**…牛乳を飲んで吐かせる
- **指輪《ゆびわ》、ピアス、画びょう、硬貨《こうか》、ボタン電池、トイレ用洗剤《せんざい》、漂白剤《ひょうはくざい》、除光液《じょこうえき》、灯油**…吐かせずすみやかに受診

※その他の応急処置は136ページをご覧ください。

ここが危ない！ 室内の意外《いがい》な危険ポイント

キッチン

低い位置に置いた炊飯器《すいはんき》や電気ポットは、その蒸気でやけどをすることが。包丁《ほうちょう》など刃物《はもの》が出しっぱなしになっていないかもチェック。

トイレ

おふろの残り湯には注意しても、意外にトイレは見落としがち。便器をのぞきこんで頭から落ちてしまうケースも。トイレのドアは閉めておきましょう。

ベランダ

踏み台となるようなものは置かないのはもちろん、植木鉢《うえきばち》やエアコンの室外機の位置を再確認。

自転車・自動車を子どもと安全に

小さな子どもと一緒《いっしょ》に移動するのに、
自転車や自動車は、とても便利です。
しかし、一般《いっぱん》の道路を走ることで
様々な危険と隣《とな》り合《あ》わせになる可能性も。
安全対策ができているか、確認してみましょう。

子どもを乗せる交通ルール

子どもが1歳を過ぎると、買い物や、保育園《ほいくえん》・幼稚園《ようちえん》の送り迎えをするときなど、ママが運転する自転車や自動車を使うケースが増えてきます。

自転車を運転する際、ハンドルや荷台《にだい》に付いた幼児用座席に子どもを乗せるとバランスが崩《くず》れやすくなり、転《てん》倒《とう》する危険があります。特に前後に子どもを乗せた場合はその分荷重《かじゅう》がかかるため、坂道で思いがけずスピードが出てしまうなど、大変に危険です。

このような子どもを乗せて走る車両《しゃりょう》の事故が増え、行《ぎょう》政《せい》としても対策を講じるようになりました。自転車は、2009年7月から安全基準に適合《てきごう》した「幼児2人同《どう》乗《じょう》用自転車」でなければ、幼児2人の同乗は認《みと》められなくなりました。自動車の場合、チャイルドシート装着が義務化され、この改正により交通事故時の死亡が約7割減少しています。

安全な自転車の乗り方やチャイルドシートの扱《あつか》い方など、特に気をつけておきたいポイントをまとめました。

安全のチェックポイント！

自動車編

【チャイルドシートを正しく使用】

●夏場、固定《こてい》金具が車内で熱くなっていてやけどをするケースがあるので注意する。

【嫌《いや》がらないようにする工夫《くふう》】

●慣《な》れるまで、チャイルドシートを部屋《へや》に置いて座らせて遊ばせる。

●お気に入りのおもちゃを持たせる。

●自動車に乗るときは必ず座らせる。

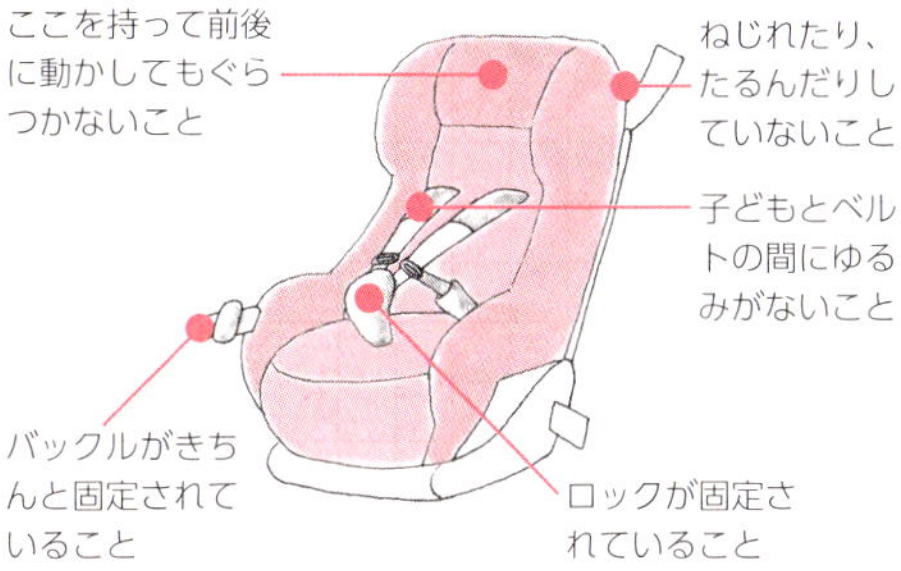
ここを持って前後に動かしてもぐらつかないこと
ねじれたり、たるんだりしていないこと
子どもとベルトの間にゆるみがないこと
バックルがきちんと固定されていること
ロックが固定されていること

先輩ママに聞く 「ママチャリ」安全対策

●２人乗せている場合、先に降ろした子が走りだすと危険。先に降ろした子をママの脚《あし》で挟《はさ》むか、「石になってね」などと言い、じっとさせて２人目を降ろす。

●ミラーを付けると安心。後方確認のため振《ふ》り返《かえ》ってバランスを崩《くず》したことがある。

●後ろ座席にいる子が寝《ね》ないように歌を歌ったり、話しかけたりした。

●寝てしまったときのため、後ろに乗せる時は、肩ベルト付きの座席が安心。

●自転車はこぎ始めや速度が遅《おそ》いときにふらつき、不安定になる。その点、電動自転車は安定した走りができてよい。

自転車編

【乗り降り】

●乗せるときは、荷物《にもつ》を載《の》せた後に子どもを乗せる。降ろすときは、子どもを先に降ろす。

●前乗せの場合、自転車に子どもを乗せるとき、ハンドルが動かないようハンドルロックをしておく。

【走行中】

●子どもにはヘルメットを着用させ、あごひももきちんと締《し》める。

●必ずシートベルトを装着させる。

●後ろに乗る子どもの足が後輪に巻《ま》き込《こ》まれないように、後輪にカバーが付いているか、幼児用座席に足台《あしだい》があるものを選ぶとよい。

●雨天時や雨上がりに、マンホールの上は滑《すべ》って転倒する危険があるので避《さ》ける。

●携帯《けいたい》電話を使いながら、傘《かさ》をさしながらの運転は禁止。

【停止中】

●子どもを自転車に乗せたまま、その場を離《はな》れることは絶対にしない。

column

教育資金は計画的に18歳を目標に準備

子どもが生まれて数年は、育てるのに精一杯で
その先の教育資金まで…、と思っていませんか？
でも、実は子どもが小さいうちが貯めどき。
目標額をつかんで、計画的に貯《た》めていきましょう。

大学4年分の半分がめやす

子どもの教育費は、幼稚園から大学までトータルすると1人あたり1000万円以上になります。数字だけ見るととても高額ですが、一度に必要なわけではありません。高校卒業までの教育費は、日常の生活費の中からまかなっていくのが基本です。

一度にまとまった金額が必要になるのは、大学に進学するときです。入学金や初年度の授業料と施設設備費などのほか、受験料なども必要になります。これらは、あらかじめ準備しておかなければなりません。

教育資金の目標額は、大学の4年間で必要になる費用の半分程度。進路にもよりますが、250〜300万円が目安です。それを、子どもが18歳になるまでに貯めるようにします。

子どもが生まれたらすぐにスタート

学資保険・子ども保険や積立定期預金などを使って、コツコツ積み立てていくことが大切です。親も若いうちは収入が少なめとはいえ、子どもが生まれてから幼稚園に入るまでは、教育費はかからないので、この時期に積立貯金を始めましょう。3〜4歳になって、私立の幼稚園に入園したら、その間は減らしてもいいでしょう。公立の小学校入学後は、また貯めるチャンス。この時期に積立額を増やしたり、ボーナスの一部を教育資金として預けたりして、しっかり貯めておくと、あとがラクです。中学校を卒業するころには進路がある程度はっきりしてくるので、その時点で目標額を見直し、修正するとよいでしょう。

できれば、子どもが生まれたら、すぐに積み立てを始めるのが理想。0歳のときから毎月1万円ずつ積み立てれば18歳までには216万円になる計算です。出遅れた人も、3歳から始めれば180万円。今すぐスタートしましょう。

2章

遊びのアイデア

赤ちゃん・幼児との遊び

子どもは遊びを通して、多くのことを学んでいきます。言葉や情緒《じょうちょ》、ルールや人間関係も遊びから学べます。最近では早期教育も注目を集めていて、小学校に入る前に、ある程度の知識を身につけさせたいと親は願いますが、国語や算数を学ぶというよりも、知育《ちいく》遊びなどで、自然に身につけるという方法もあります。

お友だちとおもちゃで遊ぶのもいいですが、親子で遊ぶことも子どもの成長がよくわかっていいものです。特にパパが子どもとかかわることは、子どもの人格形成の上でも大変重要なことです。とはいえ、小さい子どもとどうかかわったらいいのか、わからない親も多いことでしょう。子どもの気持ちになって、無邪気《むじゃき》にふざけることができず、既製品《きせいひん》のおもちゃを与《あた》えるだけの親や、本を持参で公園に行き、子どもを遊ばせながら、自分はベンチで読書をしている親も時々見かけます。

子どもはいつも親と寄り添《そ》うことを望んでいますが、親はすっかり大人になってしまって、子どもが興味《きょうみ》を持つことに興味が持てないのでしょう。

この章には子どもと遊ぶアイデアをたくさん掲載《けいさい》しましたので、参考にして、親も楽しむ気持ちで遊んでください。

遊び方いろいろ

外遊びを楽しむ

歩き始めたら、外でも十分楽しく遊べるようになります。ボールを追いかけるだけでも子どもはいつまでも夢中になって遊びます。自然の中で、季節感を楽しみながら遊びましょう。

お家で楽しく

家の中の遊びというとテレビゲームなどになりがちですが、ちょっとした工夫で家の中でも十分楽しく、活動的に遊ぶことができます。小さな子にはルールを変えて、仲良く遊ぶのもいい経験です。

知育遊び

パズルや言葉遊びなど、子どもの知能や能力を育てる遊びはたくさんあります。できないからと叱《しか》ったりせず、ゆったりと見守りましょう。

海や川で夢中になって遊ぼう！

8月はキャンプや海水浴に出かけるご家庭も多いことでしょう。小さな子どもならではの水遊びの楽しみ方、注意することをまとめましたので、参考にしてください。

海を楽しむ！ 川を楽しむ！

せっかく海に来たのなら波とも戯《たわむ》れたいもの。しかし波を怖《こわ》いと感じる子も多いようです。そこで、幼児が海に慣《な》れるための、楽しい遊びを紹介《しょうかい》します。

流木《りゅうぼく》を使って、波が引いた時に親子でそれぞれ波打ち際から砂浜に線を引き、その線が波に消されるのを競《きそ》います。先に消えたほうが勝ちなので、幼児は波を応援《おうえん》するようになり、波への恐怖《きょうふ》感がやわらぎます。

波に慣れてきたら、徐々《じょじょ》に海に入り、ペットボトルで作った箱メガネ（左図）で浅瀬《あさせ》や海の中をのぞいてみましょう。小さな魚や海の生き物を発見できます。

川遊びの面白《おもしろ》さは水の流れ。簡単で、大人も子どもも楽しめる遊びを紹介します。

笹舟《ささぶね》を作って川に流してみましょう。また、川の中に石を積み上げて笹舟の障害物コースを作ると、流れに強弱《きょうじゃく》がつき、面白さが増します。雑草の太めの茎《くき》などを使って水車を作ることもできます。

1 ペットボトルで作る箱メガネ

2リットルのペットボトルの上下をカッターナイフなどで切り落とす。

片側にラップまたは透明《とうめい》なビニールを張り、輪ゴムで止める。反対側は切り口をビニールテープかガムテープで巻く。

3 笹舟の作り方

細長い葉の両側を折り、切れ目を入れる。切ったところを、絵のように差《さ》し込《こ》んででき上がり。

2 水車の作り方

中が空洞《くうどう》になっている太めの草の茎を10cm程に切る。両側を2cmほど裂《さ》いて、絵のようにする。

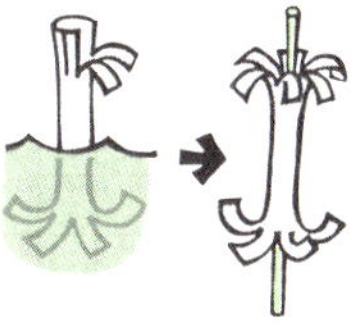

茎の中に竹《たけ》串《くし》を通し、川の流れに差し出す。

川遊びの注意点

●熱中症防止のため、まめな水分補給を心がけましょう。川の石はコケが付いていて滑りやすいので、充分注意します。また、雨天後などは急な増水（鉄砲水など）も考えられ、上流にダムがある場合は放水の時間帯があるので、近隣の方に尋ねるなどの配慮が必要です。

海遊びの注意点

●日焼けは肌の弱い幼児にとっては、火傷《やけど》と同じです。必ず1枚着せ、日焼け止めも塗ってあげましょう。

●水の中では予想以上に体温が低下します。大人でも1時間につき10分以上、体の小さい子どもはもっと頻繁《ひんぱん》に休ませるよう心がけてください。

山や森で遊びを見つける

晩夏から秋にかけて色づき始める葉、たわわに実る木の実……
山や森が見せる変化は、子どもの好奇心《こうきしん》をくすぐります。
今回は、そんな山や森での遊びをご紹介《しょうかい》します。

自然のものを使って

ドングリや松ぼっくりなど、秋の森には木の実がいっぱい落ちています。ちょっとだけ手を加え、おもちゃの域までグレードアップしてあげてはどうでしょうか。

まずは、「ドングリのコマ」。作るのが簡単なうえ、小さな子でもすぐに回せるようになるので、子どもはとても喜びます。やじろべえも簡単に作れます。飾《かざ》って楽しむだけでなく、指先や鼻の頭に乗せて、「どれだけ長く倒れないか」と競争してみるといいでしょう。

また、ドングリのはかまだけ集めて真ん中に糸を通し、いも虫を作るのもおすすめです。

落ち葉や草も工夫して遊べる便利な材料です。紅葉《こうよう》したきれいな落ち葉を集め、その色の美しさ、形の面白《おもしろ》さを親子で楽しんだ後は、作品作りに取りかかりましょう。

笹《ささ》の葉手裏剣《しゅりけん》も簡単にできて、飽《あ》きずに楽しめます。細長い葉ならばいろいろできますので、試してみてください。

1 ドングリで作るコマ

ドングリにキリなどで穴をあけ、楊枝《ようじ》を差《さ》し込《こ》む。はさみで切って回しやすい長さに調節する。

2 落ち葉でお絵《え》描《か》き

紅葉したいろいろな種類の落ち葉を集め、画用紙に接着剤《せっちゃくざい》で貼《は》って絵を描く。

3 手裏剣《しゅりけん》の作り方

笹《ささ》の葉のような細長い葉を４枚用意する。

絵のように折っていき、４枚目の葉の先端《せんたん》を、１枚目の葉の輪の中に先を差し込めば出《で》来上《きあ》がり。的《まと》に向かって投げて遊ぶ。

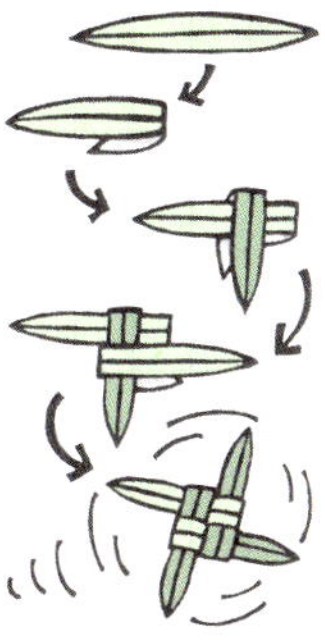

4 ドングリと松ぼっくりで作るやじろべえ

ドングリ１つ、松ぼっくり２つとたけひご１本を用意し、ドングリは両脇《りょうわき》に、松ぼっくりは付け根に穴をあける。

竹ひごを半分に切って、穴に差《さ》し込《こ》み、曲げながら長さを調節して釣《つ》り合《あ》いをとり、接着剤《せっちゃくざい》で固定する。

山や森で遊ぶときの注意点

- 山や森で木の実などを採取する場合、私有地では持ち主の許可を得てください。
- 草木で遊ぶ際は、種類によっては手が切れたりかぶれたりすることがありますので、充分注意してください。
- 雨上がりは足元が滑《すべ》りやすいので、特に岩の上を歩くときは手をつなぐなどして、慎重に歩くようにしましょう。

元気いっぱい！公園で遊ぼう

寒い季節には、おうち遊びが多くなりがち。でも、冬の公園には冬ならではの楽しみがあります。天気のいい日には、ぜひ親子で公園遊びを楽しみましょう。

外遊びで体力向上《こうじょう》、ストレス発散《はっさん》

外で遊ぶことは子どもの体力向上につながるだけでなく、この時期、家の中にこもりがちな親子のストレス発散にもなります。天気の良い日なら午前10時〜午後2時頃までは暖かいので積極的に出かけましょう。

公園にはいろいろな遊具がありますが、自然もいっぱい。落ち葉や木の幹などに、好奇心旺盛《こうきしんおうせい》な子どもの目を向けさせ、自然に触れながら親子で走り回れば、寒さも気にならなくなります。

子どもは遊びながら体の能力を発達させていきます。冬だからといって家の中で縮《ちぢ》こまらず、体を思いきり動かして楽しめる、公園での遊びをご紹介《しょうかい》しましょう。

冬でも子どもは少し走ると汗《あせ》をかくので、厚手のセーターを着せるより、まめに温度調節ができるように重ね着をさせたほうがいいでしょう。汗をたっぷりかいてしまったら、背中にハンドタオルを入れるなど、冷えないように気をつけます。

1 木の幹の太さ比べ

細い木を両手の指で包《つつ》むところから始めていって、最後はママと２人でも足《た》りないくらい太い幹に、思いっきり手を伸《の》ばして抱《だ》きついてみましょう。木の感触《かんしょく》や大きさを肌《はだ》で感じることができます。虫のいない冬なら安心です。

2 しっぽ取《と》りっこ

荷造り用のビニールひも１ｍを２本用意し、子どもとママのスカートやズボンの後ろにはさみます。追いかけながらしっぽを取りっこします。人数が多いほうが楽しめます。しっぽの長さを長くして、踏《ふ》んで奪《うば》いあうのも面白《おもしろ》いでしょう。

3 ハガキで作るミニ凧《たこ》で楽しく走る！

走る能力も遊びのなかで獲得《かくとく》します。ただ走るだけではあきてしまうので、ハガキで凧を作って遊びましょう。

❶ハガキの横中央、上から５㎝の位置にたこ糸を通し、結び目を作って裏からセロハンテープで留《と》める。

❷新聞紙などを幅《はば》１㎝、長さ30㎝に２本切り、しっぽを付ける。

❸たこ糸は１ｍくらい。厚紙で持ち手を作り、巻いておく。

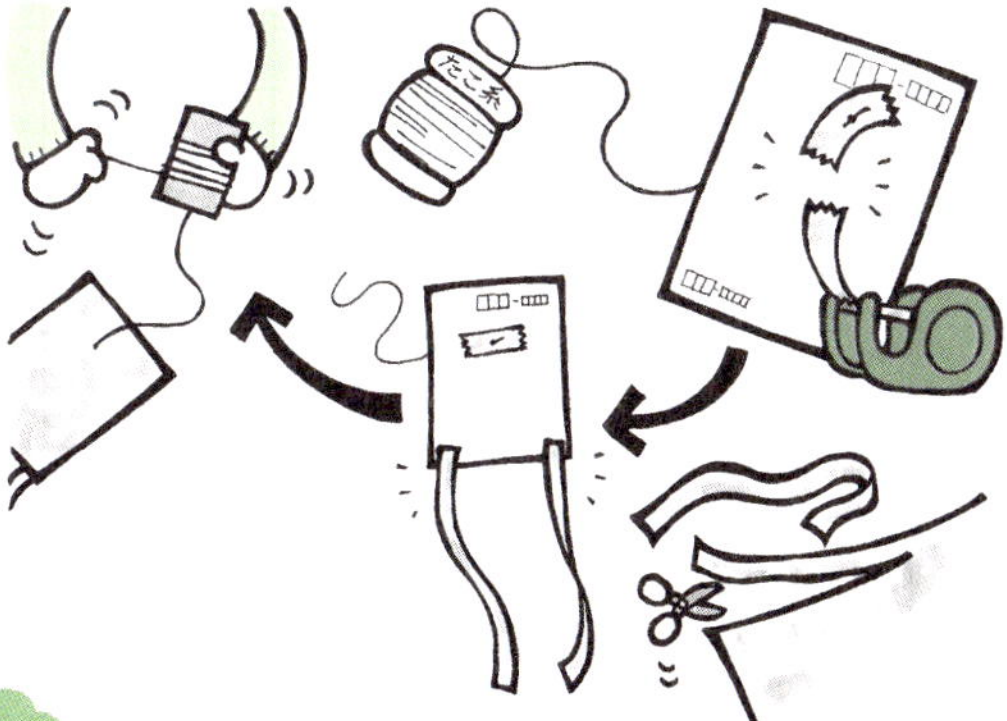

はじめての縄《なわ》跳《と》びとボール遊び

遊びの基本ともいえる縄跳びやボール遊びも
はじめて遊ぶときは、手助けが必要です。
ママが上手《じょうず》に、その楽しさを教えてあげましょう。
小さな子でもできる簡単な遊びをご紹介《しょうかい》しますので
挑戦《ちょうせん》してみてください。

慣《な》れることからスタート

縄跳びの縄やボールは、その動きや特徴《とくちょう》を知らないと、はじめて遊ぶときには、遊具を前にして戸惑《とまど》ってしまうことも。ママと一緒《いっしょ》に遊んで、小さなころから慣れておくとよいでしょう。

小さな子がはじめて遊ぶ場合、いきなり回している縄を跳ぶことやキャッチボールからスタートすると、難《むずか》しいだけでなく、とても危険です。短く持った縄を地面の上で回したり、床《ゆか》の上でボールを転《ころ》がしたりして、遊具に慣れることから始めましょう。

遊具を使って遊ぶことの楽しさを知ると、友だちと遊ぶ機会《きかい》が増え、スポーツに対する興味《きょうみ》が湧《わ》いてきます。ママは子どもに、縄跳びの縄やボールに積極的に触れさせてあげましょう。年齢に応じたボール遊びは、0歳児ではボールをつかんだり落としたり、1~2歳児ではボールを投げたり蹴《け》ったり、3歳児では立っている姿勢からキャッチボールのように、ボールを投げたり受け止めたりするようになるのが大体の目安です。

1 手を叩《たた》くと、動きがチェンジ!

❶縄《なわ》の端《はし》を柱や木にしばり、もう一方の端をママが持つ。
❷子どもが手を叩いたら、ママは縄を動かす。子どもが手を叩くたびに、上下や水平に波打たせたり、大きく円を描《えが》くように回したりして、縄の動きを変える。
❸次に子どもが縄を持ち、ママが手を叩き、同様に遊ぶ。
❹慣れてきたら、動いている縄を飛び超える遊びに移行する。

2 ボールでいろいろ遊ぼう!

トンネルくぐり（室内で）

いすの脚《あし》の間をトンネルに見立て、ボールを転《ころ》がしてくぐらせる。

1脚《きゃく》のいすでトンネルくぐりができるようになったら、いすを増やしてトンネルを長くする。

ボール遊びの注意点

転がるボールを追いかけて道路に飛び出さないように注意しましょう。

広げてキャッチ（屋外《おくがい》で）

❶子どもにエプロンをかけさせる。
❷ママがボールを地面に弾《はず》ませて、高めにバウンドさせる（ボールに勢いをつけすぎないようにする）。
❸落ちてきたボールを、広げたエプロンで子どもにキャッチさせる。

友だちと遊ぶ室内ゲーム

友だちと遊びの工夫《くふう》をしたり、ルールを守ったりして、仲良く遊ぶことは、子どもの成長にとってとても大切《たいせつ》なことです。簡単な遊びやゲームをご紹介《しょうかい》します。友だちが数人来たときに遊んでみてください。

友だちと遊ぶから面白《おもしろ》い

子どもの友だちが2～3人遊びに来たときは、その人数だからこそできる遊びを楽しんでもらいたいものです。

昔の子どもは家の外でも安全に遊ぶ場所に恵《めぐ》まれ、数人集まればいろいろな遊びを考える機会がありました。子どもたちを取り巻く環境《かんきょう》が変わったとはいえ、子どもが本来持っている好奇心《こうきしん》や発想力には、今もそれほど変わりはないはずです。

わいわい友だちと遊んでいるうちに、遊びやすく工夫《くふう》していったり、年齢《ねんれい》に合わせてルールが自然に変化したり、自分たちで作り出す遊びの面白さに気づくことがあります。

室内で数人の友だちと遊ぶなら、体を動かす得点ゲームも楽しいでしょう。例えばペットボトルとゴムボールでボウリングをしたり、新聞紙で作るバットやグローブで野球をしたりなど。得点ゲームは、競《きそ》い合《あ》うことで遊びに集中力が加わり、飽《あ》きずに何度も遊ぶようになります。ポイントを数えることで、数にも親《した》しめます。

1 いろいろ、なぞろう!

●大きな紙（新聞紙でもOK）の上に手や足（裸足《はだし》になる）を置いてクレヨンなどでなぞる（床《ゆか》を汚《よご》さないよう、紙の下にビニールシートなどを敷《し》く）。

●缶《かん》やペットボトル、積み木など、なぞって汚れても構わないものを用意してもよい。

2 丸《まる》ケン

❶長いひもで床《ゆか》に大きめの円《えん》を作り、その上に等間隔《とうかんかく》に立つ。
❷ジャンケンで勝《か》った子からスタート。
❸左隣《どなり》の子のところまで行く。二人でジャンケンをし、相手が負けたら座らせ、次の子のところへ進み、ジャンケン。負けたら全員立って、最後に勝った子から再びスタート。
❹勝ち続けて全員を座らせ、円を一周して元の場所に戻《もど》れた子が勝ち

3 マスに向かって投げろ!

❶大きな紙に９つのマスを書き、大きい数字と小さい数字が隣《とな》り合《あ》わせになるように、１から９までの数字を書《か》き込《こ》む。
❷マスを２〜３m先に置く。
❸おはじき（お手玉でもOK）をマスに向かって投げ、落ちた場所の数字が得点になる。
❹５回投げた得点を合計して勝《しょう》敗《はい》を決める。

雨の日だって楽しい ミニ競技会

外出できない日でも、工夫《くふう》すれば室内で十分体を使って遊べます。例えば身の回りにあるものを使った「ミニ競技会」はいかがでしょう。ご紹介《しょうかい》したものを参考に、ご家庭でアレンジしてみてください。

室内遊びもアイデア次第

外遊びできない日は、子どもがエネルギーを発散できず、騒《さわ》いで困ることがあります。家にあるおもちゃに飽《あ》きて、退屈《たいくつ》するとぐずることも。だからといって、子どもにテレビやビデオを見せてばかりもいられません。身の回りにあるものを工夫《くふう》して、いつもと違った遊びを考えてみましょう。

今回は運動会や競技会からヒントを得た、室内でできる遊びをご紹介します。マンションやアパートの場合は、周囲への振動や音、大声や、安全にも配慮《はいりょ》して、使う道具や動く範囲《はんい》を工夫しましょう。子どもにも道具作りやアイデアを出させ、意欲や興味をもたせます。親子で競争したり、タイムを計《はか》ったりして、各《かく》家庭オリジナルのミニ競技会を楽しんでください。

また、スタンプラリーを家の中で楽しむ方法もあります。家の玄関や廊下、部屋ごとにスタンプポイントを決め、ポイントを探しながら巡《めぐ》り、ゴールを目指《めざ》します。スタンプポイントを変えると、何度も繰《く》り返《かえ》し遊べます。

1 しっぽ付き玉入れ

❶新聞紙を切って丸め、玉をたくさん作る。
❷①に毛糸やリボン、ビニールひもなどでしっぽをつける。
❸家にあるカゴ、またはバケツを机《つくえ》やタンスの上に置く。
❹「よーいどん」で、③に②を投げ入れる。

2 ペーパーバドミントン

❶カレンダーなどの厚紙を４つに折る。
❷①の両端をガムテープなどで固定。
❸もう１枚の紙を丸めて、持ち手を兼ねた芯を作る。
❹②と③の芯をガムテープで固定する。ボールは紙風船か新聞紙を丸める。

3 わくわくスタンプラリー

❶家の中でスタンプポイントを決め、１から順に番号を書いた札とそれぞれ違うスタンプ（代《か》わりにシールでも良い）を置く。
❷スタンプカードにスタンプが押《お》せるスペースを空《あ》けて、番号を書いておく。
❸子どもは番号順にスタンプポイントを探し、見つけたらスタンプカードにスタンプを押す（またはシールを貼る）。
❹各ポイントを全《すべ》て探し当て、カードがスタンプで埋《う》まったらゴール！
❺字が読める子どもなら、各ポイントになぞなぞやクイズを書いた紙を置いておき、正解したらスタンプを押せるようにする。

リズムに合わせて リトミック遊び

音楽教室や幼児教育の場で、よく耳にする「リトミック」。実際にどんなことをして、子どもの力を伸《の》ばすのでしょうか。リトミックについて知り、遊んでみましょう。

子どもの能力を大きく育てる

リトミックは、スイスの音楽教育家ダルクローズが創案した、音楽を使った教育手法です。音楽をよく聴《き》きながら、音の強弱、速度やリズムに合わせて身体を動かし、音楽から想像したものを、身体を使って表現するなど、音楽の特性を利用して、子どものさまざまな力を養う総合教育だといわれています。

また、音楽に反応して身体の動きを変えるには、音の変化を聞き逃《のが》さない集中力や、イメージを膨《ふく》らませる感受性も必要です。それを身体に伝えて表現するには、実行力も訓練されることになります。

専門の先生による本格的なレッスンでなくても、家庭でリトミックの要素を取り入れて体験することはできます。使う音楽は、ママの弾くピアノや打楽器のほか、歌や手拍子《てびょうし》でもよいでしょう。

また、音楽を聴きながら、その曲からイメージするものや、歌詞に登場するものになって動くのもおすすめです。速度や高低など変化のある曲を選びましょう。

1 ストップ&ゴー

子どもが音に合わせて身体を動かす、基本的なリトミック。音が鳴っている間は歩き、ストップしたら止まる。これを繰《く》り返《かえ》す。

- ピアノなどの演奏のほか、太鼓《たいこ》やカスタネット、手拍子などでも。CDを利用するのもよい。
- 速度や強弱を変えるなど、変化をつけても楽しい。

2 汽車になって シュッシュッポッポッ

- 子どもが汽車になり、曲に合わせて動く。
- 汽車が出発し、速度が変化していく様子や、坂などを上り下りする様子、スピードダウンして、さいごにはゆっくり止まる様子など、歌の速度や音の強弱などの変化に合わせてイメージを膨らませ、表現する。
- ママが童謡《どうよう》「汽車」を歌いながら、変化をつけてもよい。

3 お星さまになってキラキラ

- 子どもが星になり、曲に合わせて動く。
- 始めは高い位置でキラキラと動かし、曲調が変わったらそれに合わせて手の位置を変えたり、キラキラを速くしたり、ゆっくりにしたり、流れ星にしたりするなど、子どもが様々な星の様子をイメージして表現する。
- ママが童謡「キラキラ星」を歌いながら、変化をつけてもよい。

お絵かきを楽しくするヒント

お絵かきが大好きな子もいれば、そうでない子もいます。興味《きょうみ》がない子にはその楽しさを知ってもらい、好きな子にはもっと好きになってもらえるよう、お絵かきを楽しくするヒントをご紹介《しょうかい》します。

楽しく描《か》くことが大切

子どもがクレヨンや鉛筆《えんぴつ》を持って線を描けるようになったら、何か対象となるものを意識してはっきり描く「お絵かき」をさせてみましょう。

同じ年ごろの子どもでも、最初から形をとらえるのが上手《じょうず》な子もいれば、きちんと線を描けない子もいます。線だけをなぐり描きしている子どもを見て、「うちの子はお絵かきが苦手《にがて》なのでは」と悩《なや》むママもいるかもしれませんが、わが子を他の子と比べず、お絵かきの楽しさを教えてあげることが大切です。

子どもが線しか描かないのであれば、色を使ってカラフルな線をたくさん描かせてあげましょう。じっと座って絵を描くのが苦手な子は、手や指に直接絵の具を付け、大きな紙に描いたら、お絵かきを好きになるかもしれません。「指絵《ゆびえ》の具《ぐ》」の材料は小麦粉と水、食紅《しょくべに》だけなので、小さい子が間違《まちが》って口に入れてしまっても安心。普通《ふつう》の絵の具と違って「指絵の具」の触感《しょっかん》は面白《おもしろ》く、粘《ねば》りと伸《の》びがあるため楽しさ倍増です。

1 数字をたどると絵が完成！

点と点を線で結ぶだけで、絵ができあがる楽しさを味わえます。

❶動物や花などの絵を簡単に線描《せんが》きする。

❷別に用意した紙を①にのせ、5㎜〜1㎝間隔《かんかく》に点でなぞり、その点に順に数字をふる（目鼻なども描く）。

❸数字の順に点をつなげば絵が完成！

2 親子で順番に○△□でお絵かき！

○△□だけで交互に絵を描いていく遊び。単純な形なので幼児でも描け、意外に面白い絵になる。

❶○△□のいずれか1つを紙に描き、相手に渡《わた》す。

❷①に○△□のいずれかを描き加えて相手に渡す。これを繰《く》り返《かえ》す。

3 「指絵の具」でビッグなお絵かき

材料：小麦粉、水、食紅《しょくべに》（食用色素）の赤、黄、緑（スーパー等のお菓子材料コーナーで購入可）

作り方：❶小麦粉1に水2の割合で適量（作りたい量を各自調節）を鍋《なべ》に入れて弱火にかけ、焦《こ》がさないようかき混ぜクリーム状に練《ね》る。

❷冷《さ》ましてから作りたい色の数に小分けし、それぞれの食紅を入れて混ぜる。

❸赤と黄を合わせてオレンジ、赤と緑で茶色、黄と緑でライトグリーンができるので、全部で6色用意できる。

遊び方：汚《よご》れてもいいTシャツなどに着替《きが》えさせる。絵の具が飛び散って床《ゆか》が汚れないよう、ビニールシートや新聞紙を敷《し》いた上に模造紙など、大きめの紙を広げる。「指絵の具」を指にたっぷり付けて、絵を描く。

おじいちゃん、おばあちゃんに絵手紙を出そう！

おじいちゃん・おばあちゃんに絵手紙を送ってみませんか。
たとえ同居していても、
孫《まご》からの手紙はうれしいもの。
「月に1度の絵手紙交換《こうかん》」などもいいでしょう。

オリジナルの絵ハガキを作ろう

お手紙ごっこは、子どもが楽しめる遊びの一つです。絵手紙なら、まだ文字を書けない子どもでも楽しめます。しかも、大好きなおじいちゃん、おばあちゃんに出す手紙となれば、一生懸命《いっしょうけんめい》仕上げることでしょう。

たとえ字が書けなくても、うまく描《か》けなくても、子どもの作品にはその頃ならではの味があります。子ども自身が楽しみながらのびのび描くことが大切《たいせつ》。きっと1枚ではもの足《た》りなくて、何枚も描きたくなることでしょう。

官製ハガキでなくても、一定の基準を満《み》たしたものであれば、私製ハガキとして送ることができます。地紋《じもん》のある紙や、水彩《すいさい》絵の具がにじみやすい和紙を使えば、面《おも》白《しろ》い効果も楽しめます。

手作りスタンプで飾るのもおすすめです。野菜の切り口は面白《おもしろ》い形が多く、天然のスタンプになります。水分をよく拭《ふ》き取《と》ってから、使いましょう。スタンプ台も何色か揃《そろ》えたりグラデーションになっているものを選べば、よりカラフルで楽しいハガキになります。

1 野菜のスタンプ

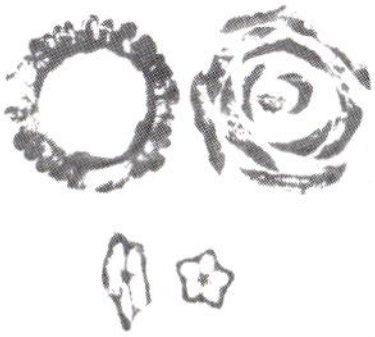

オクラ、レンコン、ブロッコリー、ピーマン、ししとう、チンゲン菜、ゴーヤーなどを切ってスタンプに。輪切り、縦《たて》切り、ななめ切りなど切り方で形が変わります。

2 コラージュを利用

雑誌やチラシのきれいな絵や写真を切り取ってハガキに貼《は》り、絵やメッセージを添《そ》えます。ハガキに別の紙などを貼るときは、端《はし》などがはがれないように、裏全面をのり付《づ》けしましょう。

3 楽しさ倍増！「ぼく・わたし」の印《いん》かん

子どもの名前やニックネームの印かんを用意して、絵手紙に「ぼく・わたし」の印を付けてあげましょう。１文字だけやシンボルマークにしてもＯＫ。朱肉《しゅにく》を使って押《お》すと、本格的なイメージになります。

❶プラスチック製の消しゴムを適当な大きさの正方形に切り、紙に形を写し取る。

❷形に収まるように、濃《こ》いめの鉛筆《えんぴつ》で文字やマークを書く。単純な字の方が作りやすい。

❸紙に１を押し当て、文字を写し取る。

❹彫刻刀《ちょうこくとう》やカッターなどで彫《ほ》る。

おうちでできる水遊び

真夏の照りつける日差《ひざ》しの下、小さな子を海や川に連れ出すのは大変です。
そこで、家の庭やベランダ、室内でできる夏ならではの楽しい遊びをご紹介《しょうかい》します。
親子で夏の一日を楽しんでください。

夏を楽しむ水遊び

海や川、プールに行かなくても、ベランダや庭でビニールプールを広げたり、家のお風呂《ふろ》や水を入れたバケツなどを利用して水遊びを楽しめます。家の外ならばホースを木や物干《ものほ》しざおにかけて動かないようにとめ、シャワーのように上から水を出してもいいでしょう。ただし、どんな場合でも低年齢《ていねんれい》の子を水遊びさせるときは、事故が起こらないよう大人《おとな》がついていることが必要です。家の周《まわ》りとはいえ、日なたでは日射病・熱射病に注意してください。帽子やTシャツを1枚着せるなど直射日光に当たらないようにし、まめに水分をとらせましょう。

注意点に気をつけたら、後は多少濡《ぬ》れても気にせず、大胆《だいたん》な遊びに挑戦《ちょうせん》しましょう。例えば、ビニール袋《ぶくろ》（20〜45ℓ）に水を入れて口を両手で握《にぎ》って袋の上にまたがり、袋に穴を開け、体重をかけると、子どもが大喜びする程、水が勢いよく噴《ふ》き出《だ》します。

ほかにもシャボン玉や氷のオブジェを作るなど工夫《くふう》をして、親子で涼《すず》やかに遊びましょう。

① ビニールプールにペットボトルのシャワー

大きめのペットボトルの底に穴を開け、プールの中で水を入れてから頭の上に持ち上げると、楽しいシャワーのできあがり。穴の開け方を変えるだけで、いろいろなシャワーが楽しめます。

② ビニールプールで水面おはじき

発泡《はっぽう》スチロールを厚さ２㎝、直径３㎝くらいの円に切《き》り抜《ぬ》いて駒《こま》を数個作り、ご家庭のプールに浮《う》かべます。おはじきの要領で指ではじき、ほかの駒に当てます。水しぶきが立って思わぬ面白《おもしろ》さです。

③ ジャンボ！ シャボン玉遊び

ストローで吹く小さなシャボン玉もかわいいですが、針金のハンガーを利用すると、大きなシャボン玉ができます。

遊び方

❶針金のハンガーを伸ばして円形にし、針金の輪に毛糸を巻き付け、端に持ち手を作る。
❷洗面器などに、水400㎖当たり台所用中性洗剤50㎖と砂糖大さじ１を入れてシャボン玉液を作る。
❸①の針金ハンガーを②のシャボン玉液につけて持ち上げ、円の中に膜が付いていたら、ゆっくり横へ引き回し、大きなシャボン玉を作る（洗剤の量は調整する）。

バスタイムを遊んじゃう

お風呂《ふろ》嫌《ぎら》いなんて、もったいない！
お風呂ならではの遊びを取り入れれば、
バスタイムが待ち遠しくなるはず。
一日の終わりに、ひと遊びした子どもは満足して、
ぐっすり眠《ねむ》ってくれる、というおまけつき。

ペットボトルを利用して遊ぶ

親子で一緒《いっしょ》にお風呂に入《はい》るのは、日本の優《すぐ》れた生活習慣《しゅうかん》の一つ。バスタイムは、リラックスしながら触《ふ》れ合《あ》い、コミュニケーションをはぐくむ貴重な時間です。「うちの子はお風呂嫌《ぎら》いで」「いつも泣くからユウウツ」というパパやママも、一緒に入れる期間は限られていると思えば、親子のバスタイムは大切《たいせつ》で楽しみなひとときとなるでしょう。

お風呂を嫌《いや》がる子には、手軽なペットボトルを使った遊びで「お風呂は楽しい」と教えてあげましょう。泡《あわ》だらけになって遊んだら、その泡で体も洗ってさっぱり、きれいに。お風呂なら、ぬれてしまうような遊びでも気になりません。上手《じょうず》にジュースを注《そそ》ぐ練習なども、ここなら安心。何度か失敗を繰《く》り返《かえ》しながら、大きなペットボトルの持ち方や傾《かたむ》け方など生活に役立つ感覚を身につけることができます。幼児が数の数え方を覚《おぼ》えるのは、バスタイムが最も多いという報告もあります。楽しく、ためになる知育《ちいく》ゲームをするのもよいでしょう。

1 お風呂で遊ぼう！

用意する物

- 500mℓまたは250mℓのペットボトル
（底を切り取り、危なくないよう切り口にビニールテープを貼《は》る）
- シャンプー
- タオルハンカチと輪ゴム

ビッグサイズのシャボン玉

❶底の部分にシャンプーで作ったシャボン液をつけ、ゆっくりと吹《ふ》く。
❷ペットボトルを軽く振《ふ》ると、シャボン玉が離《はな》れる。

泡あわアワワ

❶底の部分にタオルハンカチを当てて、輪ゴムでしっかりと止める。
❷湯でぬらした後、シャンプーや石けんをつけて上から吹くと、ブクブクと泡が出てくる。吹く強さによって、泡の大きさが変わる。

2 お風呂でごっこ遊び

ジュース屋さんごっこ

いろいろな大きさのペットボトル、カップなどの容器を用意。「カップに半分ください」「小さなボトルに入れてください」などと注文する。

ケーキ屋さんごっこ

「泡あわアワワ」で洗面器いっぱいの泡を作り、調理用具の泡《あわ》立《だ》て器《き》を使ってかき回すと、きめの細《こま》かい泡ができる。スポンジやタオルをまるめた上にデコレーションして、ケーキを作る。数を数えて遊ぶことも。

美容院ごっこ

「泡あわアワワ」とシャンプーで泡をたくさん作り、頭にのせて遊び、そのままシャンプー！

身近《みぢか》な素材《そざい》で楽しく遊ぶ

子どもにとって、自然のものを工夫《くふう》して遊ぶことはとても大切《たいせつ》です。ママと一緒《いっしょ》に体を使ったり、自然のおもちゃを作ったりして、親子で楽しく遊んでください。

お金で買えないおもちゃ

複雑な効果音が出たり、3次元に見せたりなど、最新技術を使ったおもちゃは、刺激《しげき》が強く魅力的《みりょくてき》な反面、子どもの想像力《そうぞうりょく》や工夫する力を低下させるという説もあります。

ハイテクおもちゃではなくても、普段《ふだん》から子どもが親《した》しんでいる、大好きなママの体や顔を使って、楽しい遊びができます。赤ちゃんに「いないいないばあ」をするママが根強く人気があることから考えても、ママには、ハイテクに負けない魅力《みりょく》があるといえるでしょう。

また、水、砂、土、石、葉っぱなど自然のものを使って、さまざまな遊びに活用することもできます。自然のものは、形や色も、一つとして同じものはありません。おもちゃにして遊ぶためには、子どもはその形や色を観察することになります。

よく観察して作るおもちゃやシンプルだから自分で工夫できる遊びをいくつかご紹介《しょうかい》しますので、ぜひ親子で遊んでみてください。

1 何にもなくても楽しい まねっこマネリン

遊び方

❶ママと子どもが向き合って立つ。

❷「まねっこ」と言って両手をそろえて上げる。

❸「マネリン」と言いながらママがポーズをとり、子どもがすぐにまねる。

　交代して、次は子どもがポーズをとり、ママがまねる。

2 けん玉の要領で 小枝《こえだ》で剣《けん》リング！

材料：先が分かれている小枝、紙、セロハンテープ、ひも40㎝くらい。

作り方：紙を丸めて細長くし、端《はし》と端をつなげてセロハンテープで留《と》めて輪にする。小枝と輪をひもでつなぐ。

遊び方：けん玉のように輪を揺《ゆ》らして小枝の先に引《ひ》っ掛《か》ける。

3 創造性がふくらむ 砂のお絵《え》かきボード

材料：砂（水で洗い、ビニールシートなどの上で乾《かわ》かしておく）、大きめの缶箱《かんばこ》、模様《もよう》のある紙、ボンド。

作り方：缶箱の底にボンドで紙を貼《は》る。乾かした砂を入れて、底が見えないようにならす。

遊び方：砂を指でこすると、紙の色や模様が見えてくるので、文字や絵を描《えが》いて遊ぶ。

　描いたものは、砂をならすと消えるので、何度でも描ける。

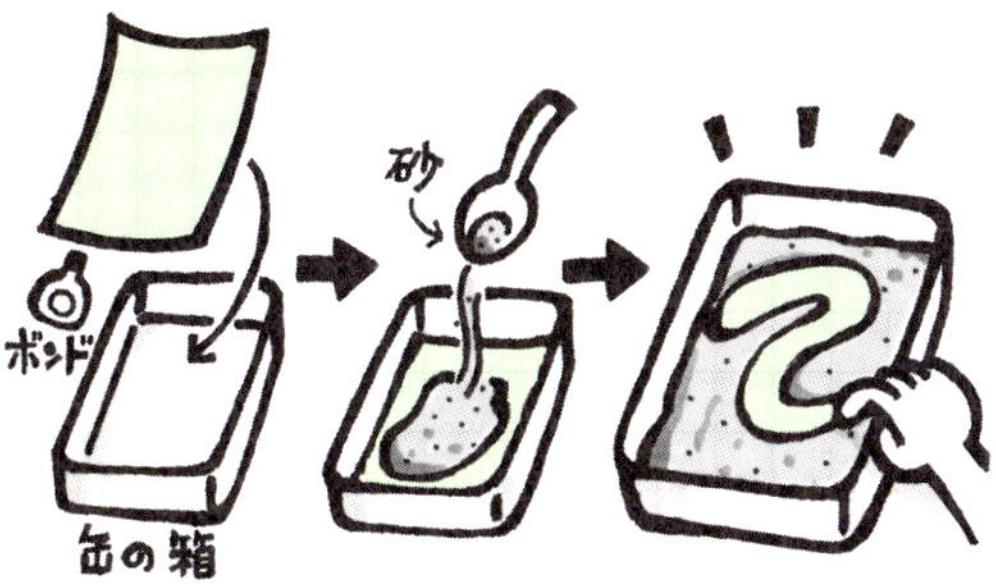

作って遊び、使って遊ぶ

何かを作ることは子どもの知的好奇心《こうきしん》を刺激《しげき》し、指先をはじめとする体の発達を促《うなが》します。楽しみながら成長にも役立つ、子どもの遊びをご紹介《しょうかい》します。

紙で作るおもちゃ

子どもは、ものを作ることが大好きです。はさみなど道具を使う練習にもなりますので、ぜひ挑戦《ちょうせん》してください。左図のように、手軽な材料だけで、簡単に作れるおもちゃがいろいろあります。最初に大人が、見本を作って見せてもいいでしょう。「何色にしようか?」「どっちがよく回るか、競争しようね」と声をかけると、仕上がりに対する子どもの期待度がぐんとアップします。

自分で作ったおもちゃなら、遊ぶ楽しさもひとしおです。「これは○○ちゃんが色を塗《ぬ》ったリボンだね」「よく回るわね。きれいねぇ」といった言葉に子どもは敏感《びんかん》に反応《はんのう》し、おもちゃを作った達成感《たっせいかん》と褒《ほ》められたうれしさで、大きな喜びを味わうでしょう。

新聞紙は軽くて折りやすく、手で簡単に破ける便利な工作材料です。費用がかからないので、惜《お》しみなく使えるのも、うれしいところ。大いに利用しましょう。いつもの折り紙も新聞紙の大きなサイズで作ると、一味違った新鮮《しんせん》な作品ができます。

1 回るリボン

❶約２㎝×約20㎝の紙を用意。片方の端《はし》を曲げて中央に寄せ、もう片方の端も逆から寄せてホチキスでとめる。

❷軽く上に放り投げるか、高いところから落とすとくるくる回って楽しい。両面を色《いろ》違《ちが》いに塗《ぬ》ったり絵を描《か》いたりしても、きれい。

2 ペーパービーズ

カラフルなチラシや雑誌の紙に図のように細長い三角形を描《えが》き、はさみで切り取る。底辺の部分に楊枝《ようじ》を置き、芯《しん》にしてきつく巻いていく。先端《せんたん》をのり付けしてから楊枝を抜《ぬ》く。糸を通し、ネックレスを作る。

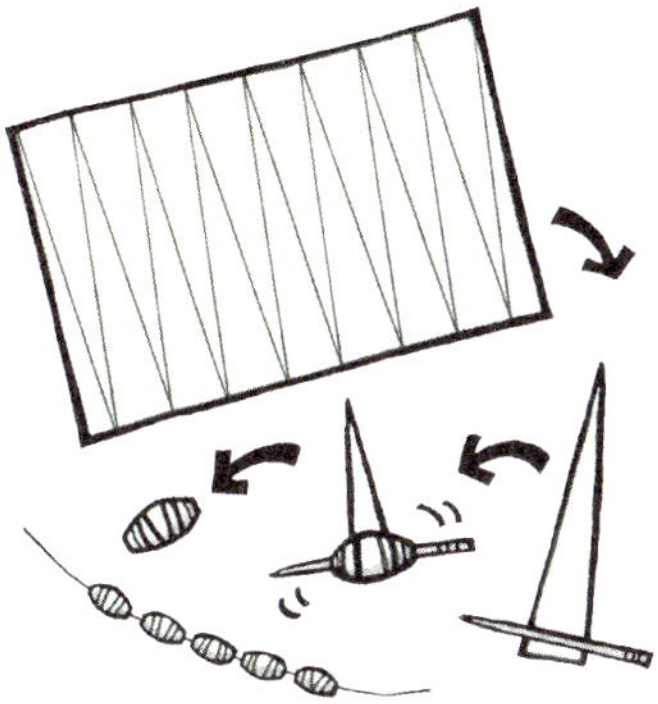

3 新聞紙のライオン 巨大折り鶴

４つ折りにした新聞紙の中央を、子どもの顔の大きさに切り取る。

１の穴の周囲を、ライオンのたてがみのようにちぎっていく。かぶって、穴から顔を出す。新聞紙を広げて巨大な折り鶴を作り、またがって空を飛ぶ遊びも楽しい。

知《ち》育《いく》おもちゃを手作りする

一人で集中できる遊びは、親子で楽しく会話しながら遊ぶのと同じくらい、子どもの発達には大切《たいせつ》です。指先を使って、子どもの知覚・感覚を刺激《しげき》する遊びを考えてみましょう。

集中力が養《やしな》える遊び

ビーズのネックレス作りなど指を使って作業をするような遊びは、集中力が養えます。また、指先を動かして遊ぶと、刺激《しげき》が脳に伝わり、脳が活性化されるといわれています。ボタンかけやファスナー、マジックテープなどでも十分指先を使った遊びになります。

最近の知育《ちいく》おもちゃには、よく考えられた楽しいものが多いですが、家にあるもので手作りするのも、子どもの興味《きょうみ》を引くよい方法です。アイデアあふれるママのオリジナルおもちゃを作ってみましょう。

子どもは好奇心《こうきしん》がいっぱいで、ちょっとした発見をすると、夢中になって遊びます。子どもが集中して遊んでいたらしめたもの。ママが「こっちじゃない？」などと手を出しすぎると、集中している子どもの気を散《ち》らしてしまうこともあるので気をつけましょう。

途中《とちゅう》で子どもが「できない」と訴《うった》えても、ママが代わりにやらずに、アドバイスをして自分で最後までやらせるようにします。

1 空き箱に穴を開けて

空き箱のふたに、穴を開け、大きさに合わせてビーズやおはじき、ビー玉などを入れる遊びです。穴の形は入れるものの形に切《き》り抜《ぬ》きます。入れた後は箱を振《ふ》って音を楽しむこともできます。小さい子には、口に入らない大きさのものを選びましょう。

2 形を合わせてのせる

色紙を使って、丸や三角、四角を切り抜き、それを白い紙の上に並べて模様や絵を作る遊びです。小さい子には、先に紙に形をなぞって描《か》いておいて、その上に色紙を合わせて置かせるのもよいでしょう。(右ページイラスト参照)

ホックをとめはずす
ひもをボタン穴に通す
ゴムひもを引っ張って、パンと放す
マジックテープの付《つ》けはずしをする
ボタンかけをする
ファスナーを開け閉めする

3 リメイクで「びっくりクロス」

洋服をリメイクして、びっくりクロスを作りましょう。ボタンかけ、ファスナー、ひも通し、ホック、マジックテープのつけはずしなど、仕《し》掛《か》けがいっぱい。お出かけにも持っていけるので、退《たい》屈《くつ》することなく遊べます。

材料と作り方

❶ワイシャツかブラウス（胸ポケットのあるもの）１枚の前《まえ》身《み》頃《ごろ》を切り取る。
❷着なくなった洋服から布《ぬの》を大きめに付けたまま、ボタン、ホック、ファスナーなどを切り取り①に縫《ぬ》い付《つ》ける。
❸靴《くつ》ひも１本はボタンホールに通す。
❹ゴムひもに大きめのボタンを縫い付け、ポケットの中にゴムひもの先を縫い付ける。
❺マジックテープを布に縫い付ける。フェルトなどで花や食べものを作り、マジックテープを裏に縫い付ける。

手作り

「ごっこ遊び」で広がる世界

子どもが大好きな「ごっこ遊び」は想像力《そうぞうりょく》や集中力を育《はぐく》む大切《たいせつ》な遊びです。「ごっこ遊び」をもっと楽しめるような、手作りの舞台《ぶたい》装置や小道具をご紹介《しょうかい》します。各《かく》家庭でアレンジして、お楽しみください。

「ごっこ遊び」で想像力《そうぞうりょく》が育つ

おままごとや電車ごっこ、お店屋さんごっこなど、「ごっこ遊び」はいつの時代にも子どもに人気のある遊びです。男女関係なく一緒《いっしょ》に遊べ、お友だちと夢中でその世界に入っていきます。

「ごっこ遊び」の中で、子どもは場面を想像しながら役を演《えん》じ、ストーリーを展開させます。また、友だちや兄弟姉妹と一緒に遊ぶことで、相手の話を聞き、自分の言いたいことを伝えられるようになります。遊びながら自然に人との付き合い方を覚《おぼ》えることができる「ごっこ遊び」は、子どもの成長を促《うなが》す大切な遊びといえます。

さらに遊びを発展させて、童話の中の物語を演じたり、創作劇を楽しんだりすることもできます。

指人形やぬいぐるみを使って遊んだり、「ごっこ遊び」をよりリアルに楽しめるよう、スカーフを衣装にしたり、身近《みぢか》な材料で簡単な小道具を作るのもいいでしょう。子どもと一緒に手作りすることで、さらに想像力が膨《ふく》らみ、「ごっこ遊び」をより楽しむことができます。

「ブレーメンの音楽隊」・「三匹《びき》の子豚《こぶた》」などの童話ごっこ遊びへ。

1 封筒《ふうとう》で指人形

作り方

❶封筒《ふうとう》の底を上にして、頭の部分に見たてて図のように曲線に切る。

❷動物の場合は切り落とした部分で耳を作る。

❸開いている頭部分の内側の両面にのりを塗《ぬ》り、耳を挟《はさ》んでから貼《は》る。

❹色鉛筆《いろえんぴつ》やクレヨンで顔を描《か》く。

2 マイ・リトルハウス

大きめの段ボール箱で、「ごっこ遊び」にピッタリなマイハウスを作りましょう。凝《こ》った形にしなくても、屋根、ドア、窓があるだけで十分。子どもと一緒に壁《かべ》に布《ぬの》を貼《は》ったり、フェルトペンやクレヨンで色を塗《ぬ》ったりして、素敵なオリジナルハウスにしましょう。

材料：大きめの段ボール箱（量販店《りょうはんてん》やスーパーマーケットで分けてもらえる）のほかに、はさみ、カッター、ガムテープ、端布《はぎれ》、包装紙、フェルトペン、クレヨンなど。

作り方：（イラスト参照）

飾《かざ》り付《つ》けいろいろ：

- フェルトペンやクレヨンで屋根や壁を塗る。
  家にある端布や、包装紙などを貼《は》る。全面に貼るのではなく、小さく切ったものを貼り合わせてもよい。
- 段ボールの残りを使って、ドアノブ、ポストや表札を作る。
- 窓の内側から端布を貼ってカーテンにする。

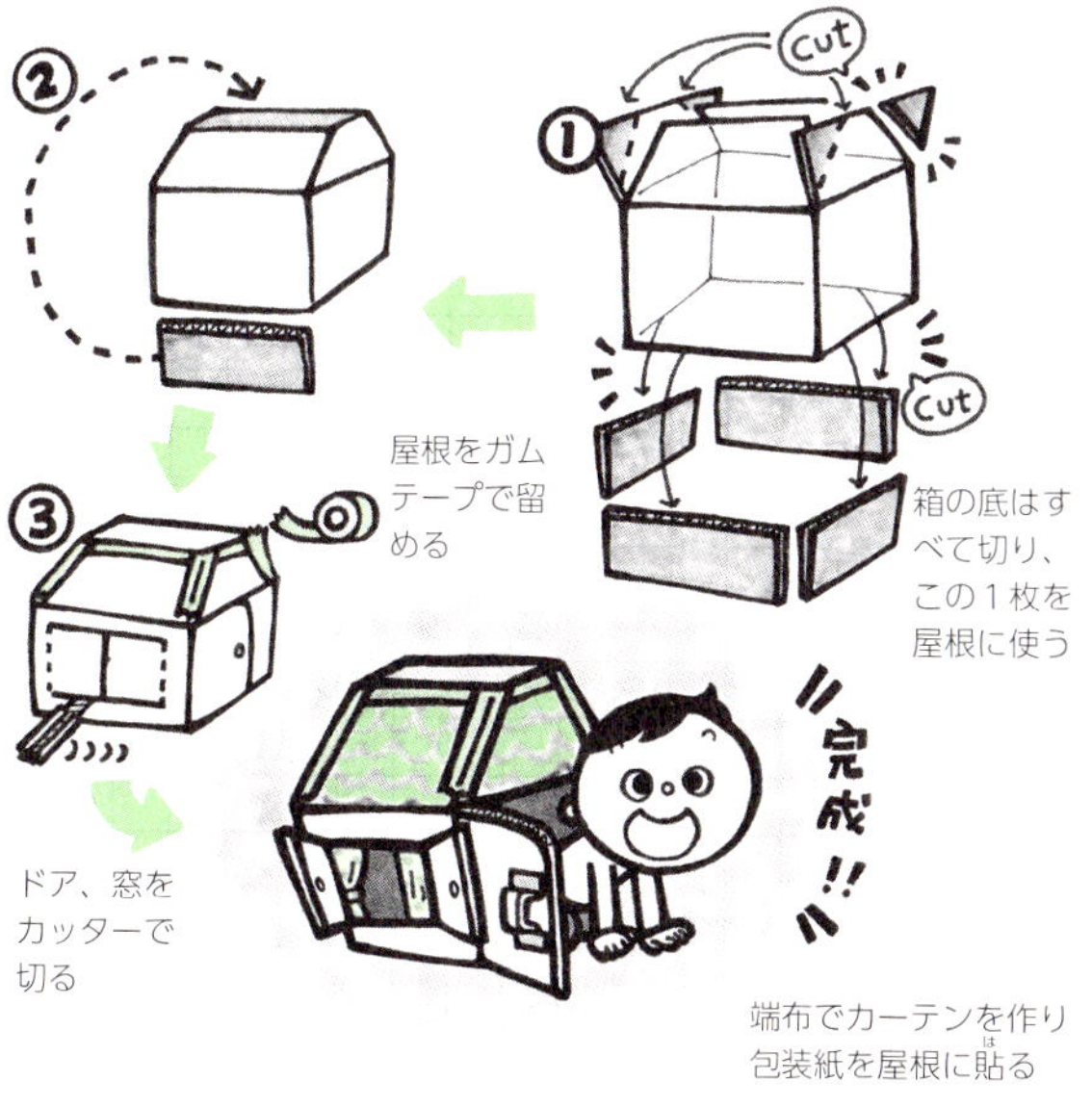

①
cut
cut
箱の底はすべて切り、この１枚を屋根に使う
②
③
屋根をガムテープで留める
ドア、窓をカッターで切る
完成!!
端布でカーテンを作り
包装紙を屋根に貼《は》る

家族で ホームシアター

子どもの豊かな想像力《そうぞうりょく》は、お話の世界を作ります。人形やぬいぐるみで「ごっこ遊び」を始めたら、もうお話の世界で遊んでいる証拠《しょうこ》。子どものオリジナルな世界から名作童話《どうわ》まで、家族で人形劇にして楽しみましょう。

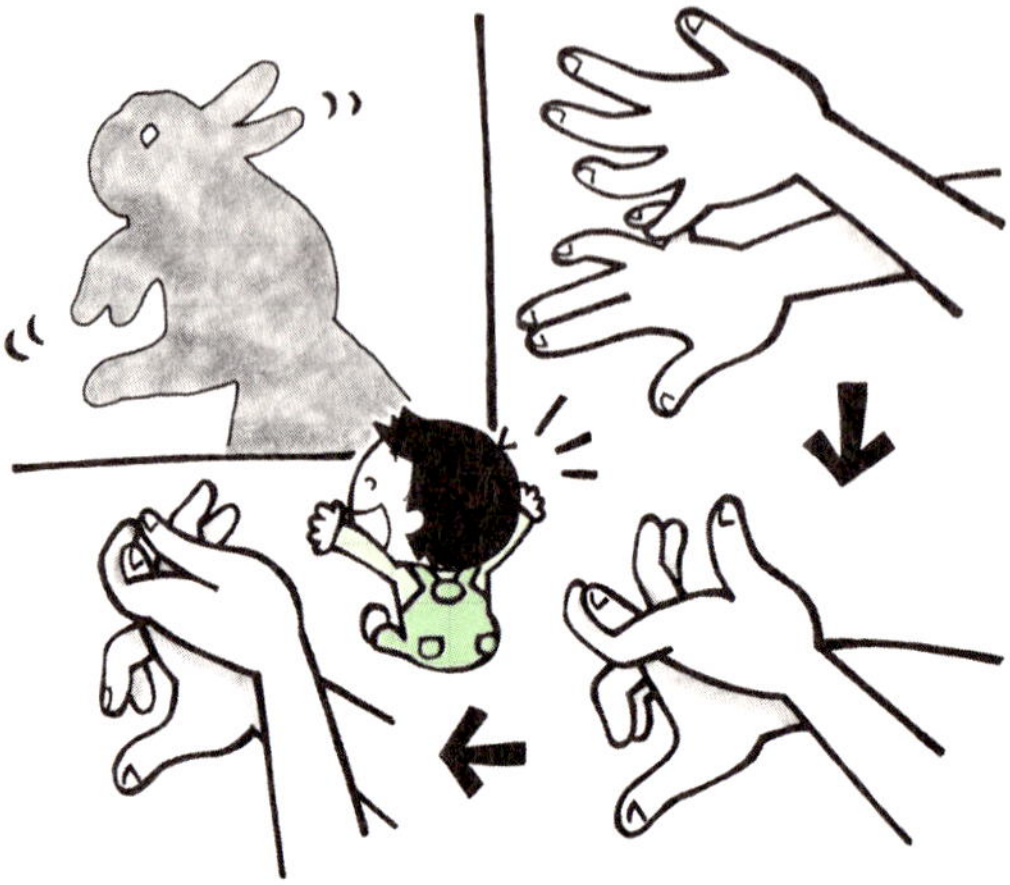

手作りで物語の世界へ！

キャラクターやお話は、子どものお気に入りの絵本に沿《そ》ってもいいですし、家族の似顔絵を描《か》いて楽しかったエピソードを上演しても、子どもは喜びます。

人形を作るときは、子どもにも絵を描かせてみましょう。あらかじめキャラクターに合わせたサイズの紙を用意しておけば、お父さんよりも子どものほうが大きい、といった失敗を避《さ》けられます。また、人物や動物を描くときは、横向きにするのも重要《じゅうよう》なポイント。正面向きの絵よりも動きがつけやすく、歩く姿も自然に見えます。

パパやママが演《えん》じるのを見ているうちに、子ども自身も演者になりたがります。子どもの好きなもの、興味《きょうみ》のあることがたくさん出てくるお話を見せてくれますので、楽しそうに見て、褒《ほ》めてあげてください。

簡単にできるのは手で作る影絵。きつねや鳥はよく知られていますが、兎《うさぎ》も上手に動かすととても愛らしく、子どもだけでなく、大人も楽しめます。上に手の組み方を図示しましたので、壁に映《うつ》して遊んでみてください。

1 軍手人形の作り方

軍手人形は、簡単にできて長く楽しめます。お出かけにも持って行けるので、ぜひ作ってみてください。

❶各指の先に綿《わた》か脱脂綿《だっしめん》を丸めて詰《つ》め、糸で結んで頭を作る。

❷フェルトやビーズ、ボタンなどを使って顔を作る。

❸首の糸を隠《かく》すようにリボンなどを巻くと、かわいい。

2 紙コップ人形

紙コップに絵を描《えが》き、両手をつけ、後ろに割《わ》り箸《ばし》をセロハンテープで貼《は》るだけで、簡単に紙コップ人形ができます。いろいろなキャラクターを描いて遊びましょう。して、さいごにはゆっくり止まる様子など、歌の速度や音の強弱などの変化に合わせてイメージを膨《ふく》らませ、表現する。

ママが童謡「汽車」を歌いながら、変化をつけてもよい。

3 おうちで影《かげ》絵《え》

スクリーンの作り方

❶いすを2つ用意し、背もたれに物《もの》干《ほ》し竿《ざお》などの棒を渡《わた》す。これに白いシーツなどをかけ、洗濯《せんたく》バサミでとめ、スクリーンを作る。

❷懐中《かいちゅう》電灯、ハロゲンライト、ランプなど、なるべく点に近い光源を用意し、客席と反対側からスクリーンに光を当てる。

❸光源の前に緑やオレンジのセロハンを下げると、幻想的《げんそうてき》な舞台《ぶたい》となる。

❹光源とスクリーンの間で演《えん》じるが、スクリーンにできるだけ近づけたほうが、影がくっきり見える。

影《かげ》絵《え》用人形の作り方

❶厚めの画用紙などに人間や動物などの横向きの絵を描《えが》き、切《き》り抜《ぬ》く。

❷割《わ》り箸《ばし》をセロハンテープで止めて持ち手にする。左上の紙コップの要領で持ち、スクリーンに映して遊ぶ。

五感を使って遊んでみよう

人間が本来もっている五感を道具にすると、既成《きせい》のおもちゃで遊ぶのとは違った思いがけない発見があります。
普段《ふだん》とは視点を変えて、親子で一緒《いっしょ》に遊んでみましょう。

自分の感覚が遊びのツールに

人は五感（視覚《しかく》、聴覚《ちょうかく》、触覚《しょっかく》、味覚《みかく》、嗅覚《きゅうかく》）を使って生活していますが、普段《ふだん》、その一つひとつの感覚を意識する場面はあまりありません。

感覚を意識するためには、野外で遊ぶことが大切ですが、室内や家の周《まわ》りなど、遠くに出かけなくても、十分《じゅうぶん》に感覚を使って遊ぶことができます。ひと工夫《くふう》するだけでも、今まで気づかなかったことが発見できて、子どもにはうれしい遊びとなります。子どもが五感を使って、自分から発見できるように、ママがきっかけづくりをしてあげましょう。

ここでは身近《みぢか》なものを使った遊びをご紹介《しょうかい》します。いつもそばにあるものでも、視点を変えて接すれば、新しい遊びへと発展していきます。親子で一緒に耳を澄《す》ませたり、観察したり、触《ふ》れたり、嗅《か》いだり、味わったりして、五感をツールとした遊びにチャレンジしてみてください。

1 色探《いろさが》し

❶色カードを作る（同じ大きさの紙に、クレヨンなどで色を塗《ぬ》る）

❷カードを持って周囲《しゅうい》を見渡《みわた》す。周《まわ》りにあるものの色は何色か（または何色に近いか）色カードと合わせてチェック。

●ほかに、カードを引いて、その色のものを探すゲームもできる。

2 クイズ“タッチ” “匂《にお》いと味”で当てよう！

段ボールのような大きな箱に、手を入れられる穴を２つ開ける。

❶箱の中に身近《みぢか》にあるものを入れる（バナナ、ぬいぐるみ、消しゴムなど）。
子どもに大きめのハンカチで、目隠《めかく》しをする。

❷両手を入れて、中にあるものに触《さわ》り、それが何かを当てる。

❸野菜や果物《くだもの》、お菓子《かし》などの匂《にお》いを嗅《か》ぎ、それが何かを当てる。

❹野菜や果物、お菓子などの小片を口に入れ、それが何かを当てる。

3 音の大図鑑《だいずかん》づくり

●聞こえてくる音で、音の図鑑をつくる。

●たとえば時計《とけい》の音はどう聞こえるか。「ちっち」「こちこち」など子どもが聞こえたままをママに伝える。時計を絵に描《えが》き、その下に音を書く。

●小さい子の場合は子どもは絵を描き、ママが文字を書いてもいい。

集める音の例

雨音、お風呂《ふろ》の音、川や海、池、風の音、葉っぱや枝が揺《ゆ》れる音、ネコやイヌの鳴き声、鳥の鳴き声、電車・車の音、道路工事の音、シャッターの開け閉めの音など。

●子どもが音に気づくことがポイント。

●子どもの表現する音を、ママが書きながら声に出すと良い。自分の感じた音を、人がいうとどう聞こえるかを、子どもは確《たし》かめることができる。

言葉の数を増やす遊び

赤ちゃんは家族との会話や遊びを通して、どんどん知能が発達していきます。健《すこ》やかな発達のために、身近《みぢか》な遊びを工夫《くふう》したり、しかけ絵本を作ったりするのもおすすめです。

脳は6歳までには大人の90%に

人間は受精から誕生《たんじょう》までの約10か月間に、大人と同じ140億もの神経細胞《さいぼう》が作られます。そして誕生後に多くの刺激《しげき》を受けて、脳はぐんぐん成長し、3歳までに成人の約80%、6歳までには90%の大きさになります。特に1歳までは急速に成長しますので、この時期に、多くの言葉を語りかけてあげることが大切《たいせつ》です。

赤ちゃんは印象《いんしょう》に残る音はすぐに覚《おぼ》え、一度覚えて言えるようになると、面白《おもしろ》がってどんどん声に出すようになります。特に「じゃあじゃあ」「びりびり」など繰《く》り返《かえ》す言葉や、「ぺったんこ」など面白い響《ひび》きの言葉によく反応《はんのう》します。

大切《たいせつ》なのはゆっくりと、明るい声で語りかけてあげることです。しつけや教育ではなく、遊びのなかで楽しく言葉を覚えていくのが理想的。絵本を使えば繰り返し楽しめます。ここで紹介した手作りのしかけ絵本は、簡単なので壊れてもすぐに作り直せますし、バリエーションも楽しめます。

言葉の数を増やす方法

●毎日の生活のなかで、「起きたのね、おはよう」「おむつ替《か》えようね」「お花きれいだね」と常に話しかける。
●ものの名前は、できるだけ実物を見せながらいう。
●早口にならないよう、目を見てゆっくり話しかける。
●絵本などで楽しく覚《おぼ》える。

1 同じものは、どーれだ?

子どもの前に積み木やブロックを並べ、「同じのどーれだ?」と言いながら、ママが持っているものと同じものを見つける遊び。

ものを注意深く見ることができるようになります。野菜や果物《くだもの》を使っても楽しめます。

2 手作りしかけ絵本

「いないいないばあ」は赤ちゃんがはじめに覚《おぼ》える遊びのひとつです。絵本にもいろいろありますが、飛び出す絵本は簡単に手作りできるので、ママオリジナルの飛び出す絵本を作ってみましょう。

用意するものはA4サイズの紙2枚と筆記用具・定規・はさみ・のり。飛び出すほうには「バー!」と言っているかわいい動物を描《えが》き、台紙には「バー!」と大きく文字を書きます。いろいろな動物のものを作って、親子で楽しんでください。

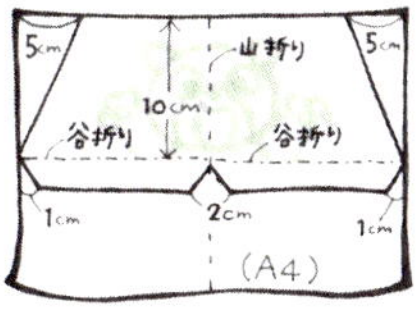

左の寸法で飛び出す部分を作る

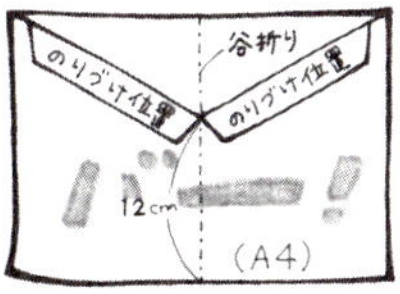

台紙の部分にはのり付け位置を書いておく

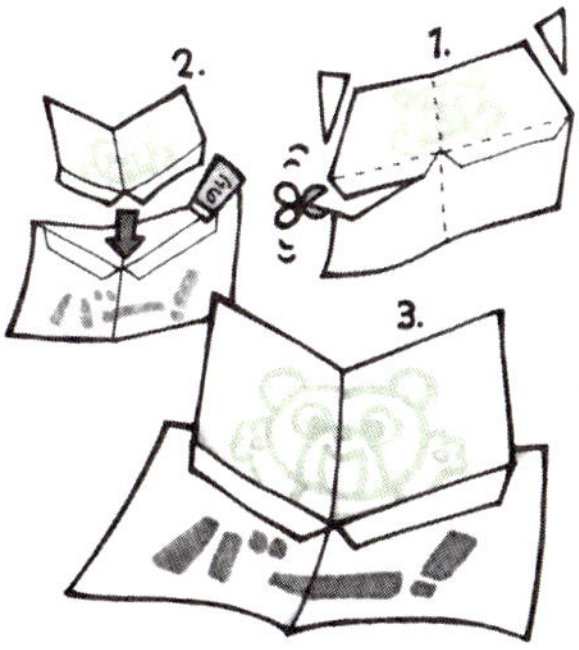

はさみで切り取り、折り目を付けて台紙に貼ればできあがり

考える力も伸《の》びる言葉遊び

言葉遊びは手軽に楽しめるうえに考える力が伸びることにもつながります。楽しく遊んで考える言葉遊びをいろいろご紹介《しょうかい》します。

言葉遊びで思考力《しこうりょく》も養《やしな》う

子どもは言葉のリズムや語感を楽しむことが好きです。新しい言葉を次々と吸収しようとする勢いもあります。本を読んで語彙《ごい》を増やすのがまだ先になる幼児には、言葉遊びで楽しみながら、たくさんの言葉に触《ふ》れさせてあげましょう。知っている言葉を声に出して使い、相手に伝え、相手からの言葉に反応《はんのう》することによって、自然に言葉の音や意味を確《たし》かめることができます。

たとえば「しりとり」は、音を認識して語彙を増やし、「なぞなぞ」では、言葉の理解や連想などの思考力が養われます。「それは動物ですか」「大きいですか」など質問して、相手の返事から答えを予想する「イエス／ノー・クイズ」などは、発想力も養われます。

言葉遊びは、お出かけ時の車中などで手軽に遊べます。車窓からの景色《けしき》を材料にして、「白いもの」「大きいもの」を言い合うなどしてもよいでしょう。

いくつか遊びを紹介しますので、ぜひ親子でたくさん言葉を使って遊んでください。

1 仲間集めゲーム 1分勝負！

「仲間集め」は1つの条件にあてはまる言葉をより多く答えるゲーム。条件はカルタをひいて出た頭文字。タイマーを加えゲーム感覚をプラスする。

遊び方：

❶カルタを1枚ひく。
「あ」が出たら、「あ」がつく言葉を探す。

❷タイマーを1分間にセット。1分以内にどれだけ思いつくかを親子で勝負。「あひる」「あんパン」「アイス」「あご」「あめ」「あき」「あさ」というように、多く言えたほうが勝ち。

2 親子で創作、お話ゲーム

品物を1つ手に持ち、それを使った短文を交代で創作していく遊び。お話作りをする材料は、用意しておいても、家の中を歩きながら目にしたものを使ってもいい。

(例)帽子《ぼうし》、カゴ、おもちゃの車、ぬいぐるみ、タオル、ボール

帽子➡「帽子を被《かぶ》って、女の子が出かけます」(子ども)

カゴ➡「不思議の森へ、魔法《まほう》のリンゴを見つけに行くことにしました」(ママ)

おもちゃの車➡「車で行こうと女の子は思いました」(子ども)

ぬいぐるみ➡「家来を連れて行きました」(ママ)

タオル➡「白いお化《ば》けが出てきました」(子ども)

ボール➡「お化けをやっつけようとボールを投げたら、それがリンゴになりました」(ママ)

3 2つのヒントゲーム

1人が答えを決めて、2つのヒントを出す。相手は連想して答える。

➡「緑色」「野菜」のヒントで答えは「ピーマン」。「白黒」「動物」のヒントで「シマウマ」の答えなど。

2章 ＊ 遊びのアイデア

知育遊び

仲間分け遊びは、整理して考える力

仲間分けは、物事を整理する分類術の一つ。
ものの整理だけでなく、
考えを整理する能力を伸《の》ばす方法です。
子どものうちから遊びやゲームに取り入れ、
楽しみながら身につけましょう。

ゲームで身につく仲間分け

学校の勉強はもちろん、社会に出て仕事をするうえでも、物事をきちんと整理するための分類術は必要です。分類術の一つである仲間分けは、もの同士で共通する点を見つけ、仲間となるグループに分ける方法です。

その仲間分けを遊びに取り入れてみましょう。就学《しゅうがく》前の幼児でも、十分ゲームとして楽しめるので、遊びを通して仲間分けができるようになります。

「仲間分け」を発展させると、いろいろなゲームが考えられます。まずは、わかりやすい形の違いから、トマトや長ネギなどの野菜を並べ、「丸い野菜と長い野菜」に分けるゲームはいかがでしょう。慣れたら条件を「赤い野菜、白い野菜」といった色に変えるなどして楽しめます。分け方にもいろいろあると知ることで、一つのものでも多くの見方があることに気づくようになります。

仲間分けには、子どもが身の回りにあるものの特徴《とくちょう》を、よく見るようになるという利点があります。家にあるものを使って、ぜひ遊んでみてください。

1 同じ仲間の形を見つけよう！

材料：トランプ大の厚紙３枚、フェルトペンやクレヨン

作り方：１枚に１個の形を描《えが》く。形は四角・丸・三角の３種類。

遊び方：

❶形を描いた厚紙を裏返しておき、子どもに１枚選ばせる。

❷紙に描かれた形と同じ形のものを、絵本の中や部屋《へや》の中で探す。

2 靴下《くつした》の仲間探し

遊び方：

●家族の靴下を混《ま》ぜておいた中から、ペアを探して１足ずつ並べる。

●パパやママ、兄弟、自分というように、持ち主ごとに仲間分けをして並べることもできる。

●慣《な》れてきたら、取《と》り込《こ》んだ洗濯物《せんたくもの》をたたむとき、家族それぞれのものをまとめるお手伝《てつだ》いへと発展させることができる。

3 オリジナルカードで分け分けゲーム

材料：厚紙（７㎝×10㎝くらい）を20枚以上、フェルトペンやクレヨン

作り方：紙に、動物、野菜、果物《くだもの》、花、虫などを描く。写真やシールを貼《は》ってもいい。

遊び方（３種類）：

Ⓐ絵が描かれたほうを表にしてバラバラに並べる。ママが「動物」「同じ色」などと条件を言い、子どもが仲間分けをする。

Ⓑ子どもがカードを仲間分けし、それぞれ何の仲間かをいう。

Ⓒカードを裏返して積《つ》み上《あ》げる。親子で１枚ずつカードを取って同時に表に返し、２枚のカードの共通《きょうつう》点《てん》、何の仲間か先に言えたほうがカードをもらう。最後に、カードを多く持っていたほうが勝ち。

図形・立体が自然にわかる遊び

身の回りにあるものでも
いつもと違った角度から見ると
別の形に見えることがあります。
形を使って、見方を変えて、発見をしながら、
親子で楽しく遊んでみましょう。

見えない部分をイメージする

ものの形を見るにも、いろいろな見方があります。横からや上からなど別の方向から見ると、正面からとは形が違って見えます。また、正面から見ているときでも、別の角度から見える形を想像しながら見る、ということもできます。違う角度から見たときの形をイメージできる能力は、図形問題を解くときだけでなく、スポーツをするときや、地図を見るときなどにも役に立ちます。

立体を理解する力は、すぐに身につくものではありません。いろいろな形を積み木で作ったり、折り紙で折ったりした経験や、野菜や果物《くだもの》を切って断面を見たり、木登りやかくれんぼをして外で遊ぶなど、たくさんの経験から養《やしな》われるものです。

普《ふ》段《だん》何《なに》気《げ》なく見ているものが、見方を変えると形が違って見えることに気づくだけでも、子どもの世界は広がります。実際に立体を作って遊びながら、いろいろな角度から形を見て、子どもに新しい発見をさせてあげましょう。

1 開いてみよう!

身近《みぢか》にあるものを開くと、どんな形になるかを予想してから、実際に開いてみる。

➡ティッシュペーパーの箱、トイレットペーパーの芯《しん》、牛乳パック、お菓子《かし》の箱などをはさみで切ったり、のりしろをはがしたりして、開いた形を見る。

2 切り方で違う形へ

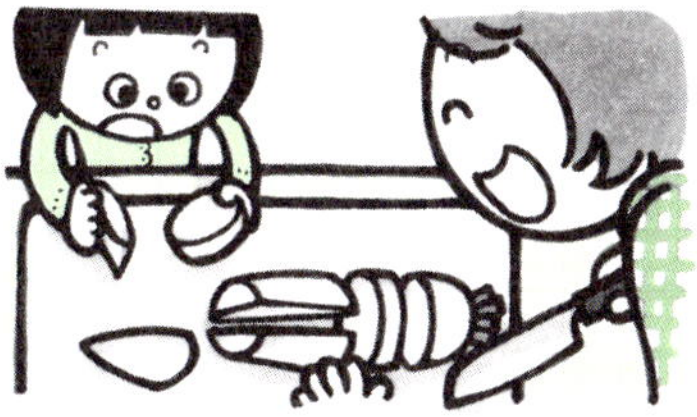

円筒形《えんとうけい》に近い大根をママが切って見せ、切り方によって変化する断面の形を一緒《いっしょ》に楽しむ。
➡大根を横に切ると断面は円形に、縦に切ると長方形に、斜《なな》めに切ると、だ円形に。

3 封筒《ふうとう》から正四面体!!

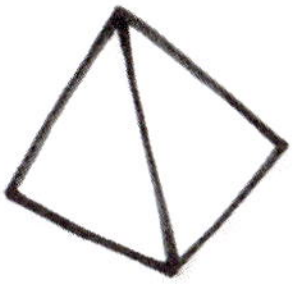

どの面も同じ正三角形の正四面体は、封筒を使うと簡単にできる。また、これをたくさん作って面をつなぎ合わせると、いろいろな形になり、新しい楽しみが広がる。

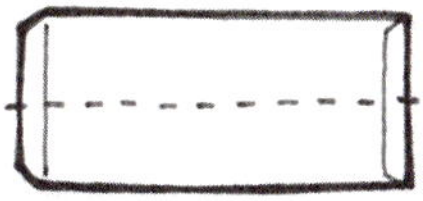

❶縦２つに折り、折り線を付けて戻す。

❷Aの角が①の折り線上にくるように折り、印をつける。

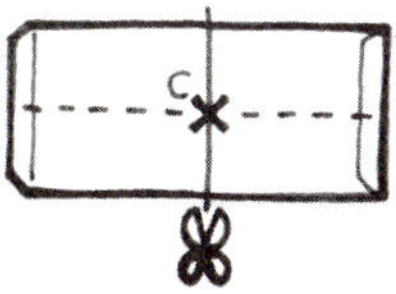

❸Cのところで切り取る。

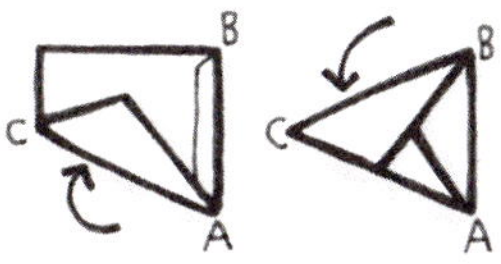

❹CとAを結ぶ折り山で折る。
CとBを結ぶ折り山で折る。

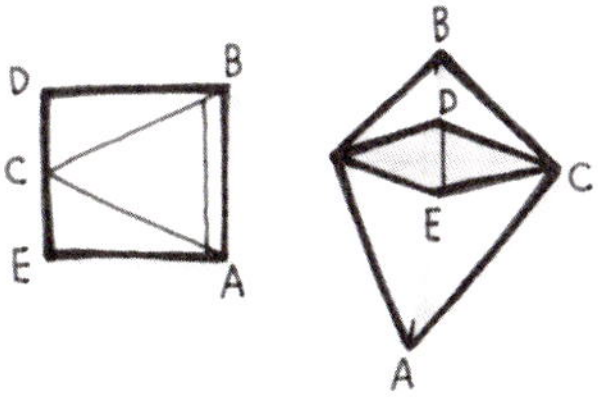

❺開いてDとEを合わせると正四面体になる。開いている部分をテープで留める。

知育遊び

パズルは頭脳ゲーム

パズルの面白《おもしろ》さは
自分であれこれ想像して試《ため》しながら
組み立てたり分解したりするところ。
小さな子どもでも、十分楽しめます。
親子でパズルを手作りしてみませんか。

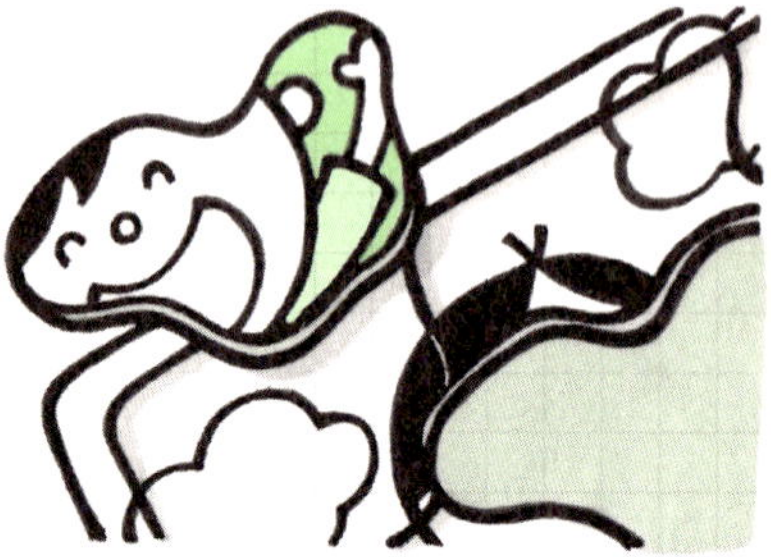

パズルはすぐれたゲーム

ものの形をよく見たり、見えない部分や展開後の変化を想像するなど、パズルは「頭の体操」になり、知育《ちいく》の面からもとてもすぐれた遊びです。すぐに完成できなくても、自分のペースで何度も繰《く》り返《かえ》し挑戦《ちょうせん》できるところが魅力《みりょく》です。

子ども向けのパズルは、はっきりした形や鮮《あざ》やかな色が使われ、子どもの興味《きょうみ》をひく工夫《くふう》がされています。目の前にある形や色をよく見て、頭の中で完成した絵をイメージするジグソーパズルは、子どもに好きな絵を描《か》かせ、それを適当に切れば簡単に手作りできます。

また、単純な形をしたパズルにも面白さがあります。例えば、紙にくねくね曲がった線を一本書き、それを何ピースかに切ってパズルにしてみましょう。ただの一本の線なのに、元の形に戻《もど》すまで思いのほか考えることになり、その不思議な魅力に驚《おどろ》くはずです。

簡単に作れるものをご紹介《しょうかい》しますので、各家庭でアレンジしながら、手作りパズルを楽しんでください。

1 線だけのジグソーパズル

材料：

正方形の厚手の紙、クレヨンやフェルトペン。

作り方：

❶紙に一筆書きで線を描き、最後はつなげる。

❷正方形になるように4等分に切り分け、ばらばらにする。

遊び方：

描いた線が１本につながるように、並べ替える。

2 コロコロパズル

材料：厚手の紙、クレヨンやフェルトペン。

作り方：

❶イラストを参考にしてサイコロのような立方体を作る。

❷２つの箱をつけ、２面を合わせて１つの絵を描く。描き終わったら、箱の違う面を上にして合わせ、また１つの絵を描く。２つの箱の全部の面を使って、６種類の絵を描く。

遊び方：

箱をコロコロ転がした後、２つの箱の２面を合わせて、絵を完成させる。

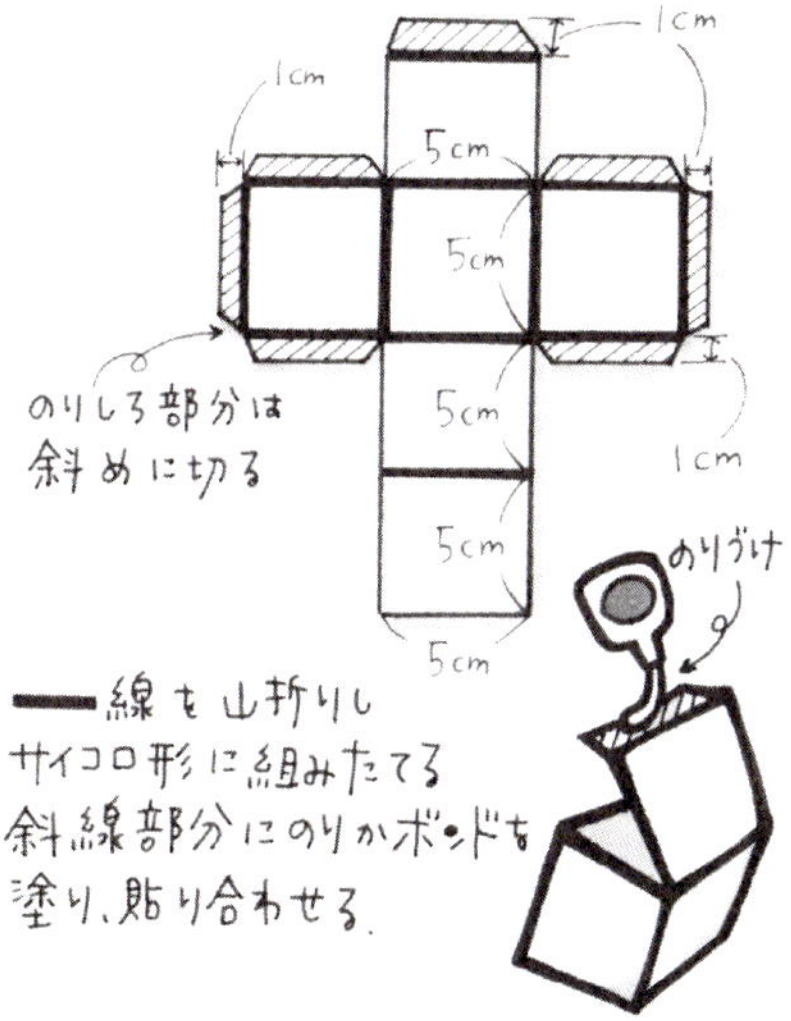
1cm
1cm
5cm
5cm
5cm
5cm
5cm
1cm
のりしろ部分は
斜めに切る
のりづけ
━線を山折りし
サイコロ形に組みたてる
斜線部分にのりかボンドを
塗り、貼り合わせる。

3 リングパズル

材料：紙（15㎝×20㎝くらい）３枚、ビニールひもか太めのひも（60㎝くらい）１本、セロハンテープ。

作り方：

●紙を丸めて棒状にする。両端《りょうたん》をつないでテープで留《と》め、 直径５㎝ほどのリングを３つ作る。

●ひもの端《はし》を結んでリング状にする。

●イラストの要領で①のリングをひもに付ける。

●②、③のリングをひもに通す。

●ひもを広げ①と②のリングをくぐらせてから、①と③のリングを持って左右に引っ張り、③のリングをひもに付ける。

遊び方：３つのリングをひもから外《はず》す、元の形に戻すなど、ちえの輪のように考えながら、形をよく見て遊ぶ。

column

科学する心を育てるおもしろ実験

驚《おどろ》くのが大好きな好奇心《こうきしん》いっぱいの子どもにとって、「不思議なこと」は「楽しいこと」。見たり体験したりすると「どうして？」と疑問がわき、わかったら「へぇ、すごい！」。この繰《く》り返《かえ》しがさらなる知的好奇心を刺激《しげき》し、科学への関心を育成します。

家庭にあるものを利用して簡単にできる実験もたくさんありますので、いくつかご紹介しましょう。

魔法《まほう》のような不思議な現象の先には、科学の扉《とびら》が待っています。目の前でマジックを披露《ひろう》して子どもを驚かせた後は、やさしく原理を説明し「不思議」の魔法をといてあげてください。そして、子どもにもやらせてみましょう。できるようになると、子どもは得意満面《とくいまんめん》、立派なマジシャンになります。

手のひらパワーで回る紙

発泡《はっぽう》スチロールや消しゴムの台に針を刺《さ》し、その上に、四つ折りにしてから開いた正方形の紙をバランスよくのせる。囲《かこ》むように両手のひらをそっと近づけると紙が回る。

どうして？

両手の体温が手のひらから出て、紙の周《まわ》りにわずかな空気の流れ（対流）をつくり、紙を回転させます。

コップのマジック

コップに水を入れて、ハガキでふたをする。ハガキを手で押《お》さえてコップをひっくり返し、ハガキから手を離《はな》すと、紙は落ちない。

注意！：ハガキに触《ふ》れると落ちて水がこぼれてしまいます。

どうして？

水がハガキを吸い付ける力（表面張力）と、ハガキを下から押《お》す力（大気圧）が合わさり、水が落ちる力（重力）より強くなるため、ハガキは落ちず水はこぼれません。

数に親《した》しみ数で遊ぶ

就学《しゅうがく》前《まえ》の子どもには実体験を通してものを数え、数に親しむことが大事です。おやつを分けながらでもできます。身近《みぢか》なものを使って、数遊びをしてみましょう。

クッキーが10個
3個ずつ分けたら
1個余ったね～

数と量を遊びで体感《たいかん》

子どもが数を１００まで数えられても、１００という量を認識していることにはなりません。7個の飴《あめ》を端《はし》から数えた後、「全部でいくつある？」と聞くと、「8個」と答える子どももいます。ものを順番に数えて、最後の数が全体の個数であると認識することや、数を量として体感することは、小さな子どもには難《むずか》しいものです。

そこで、入学前にお手伝《てつだ》いや遊びを通して、できるだけ数と量に親《した》しんでおきましょう。たとえばおやつタイムには、自分のお皿ときょうだいのお皿にクッキーを何枚ずつのせるかで、数を体感することができます。

数に親しんだら、家にあるものを使って簡単な遊びをしてみましょう。絵本や靴下などを10個集める遊びです。ここで基本となるのが足《た》して10になる、1と9、2と8、3と7、4と6、5と5という組み合わせ。遊びを通して何度も体験しながら、自然と気づくようになるのがベスト。遊んでいるうちに、子どもから「7個だからあと3個だね」と言い出すようになるのが理想です。

1 10マス陣取《じんと》りゲーム

材料：色紙２枚（赤と青など）。大きめの白い紙（A4サイズを２枚並べた程度）１枚。と筆記用具、サイコロ。

作り方：色紙を３㎝四方の正方形に切って各色10枚ずつ駒《こま》を作る。
白い紙に５㎝四方のマスを１列に10個並べて書く。右図のように５個目がわかるように中心に長めの線を書く。

遊び方：
- 自分の色を決める。
- 交互にサイコロをふり、出た目の数だけ自分側のからマス目に自分の駒を置いていく。
- 相手の駒があるマスまで駒が置ける数が出た場合、相手の駒をどかして自分の駒を置く。
- 先に、全部のマス目に自分の駒を置いたほうが勝ち。

①
先の尖ったもので穴を４つ開ける。
12個の卵パックは切り離して10個にする。
②
ひもを通して結ぶ。
③
30cm〜40cm
約20cm
段ボールに動物の絵と台を描く。
④
③の切れ端で動物を支えて立たせ、ガムテープで貼る。②をかける。
風船を10個折る。
えいっ

2 玉入れゲーム10

卵パックのかごを使って、玉入れをします。

材料：段ボール、卵が入っていたパック（10個入り）１個、折り紙（10㎝角）で折った風船またはピンポン玉10個、ビニールひも（30〜35㎝を１本、20〜25㎝を２本）、ガムテープ、フェルトペンなどの筆記用具。

作り方：イラスト参照

遊び方：
- 離れたところから、風船（またはピンポン玉）をパックにめがけて投げ入れる。
- 投げ終わったら、パックに入っている風船の数と、あいているパック部分の数を数え、10の組み合わせを意識させる。

時間や時計《とけい》を知る遊び

時間の意味がわからない幼児でも、
遊びながら時間と親《した》しむことができます。
いつもの遊びに時間の要素を加えると、
ハラハラドキドキして、ぐっと面白《おもしろ》くなります。
ゲームの中に楽しく、
時計や時間を取り入れてみましょう。

遊びながら、時間と仲良しに

子どもは生活の中で自然に「○時」という言葉を耳にしています。起きる時間やおやつの時間、好きなテレビが始まる時間など、「○時にならなければできないこと」や、「○時までやってよいこと」など、決まりごとに結びつけて、時間について学んでいきます。1日は24時間、1分は60秒といったことまではわからなくても、生活の中で、遊びながら時計《とけい》や時間に親しむことは、とても大切《たいせつ》な経験となります。

キッチンタイマーを使って、10~30秒間を体感《たいかん》するのも面白い方法です。時間制限をすることでハラハラするだけでなく、時間の「量」に気づきます。

また空《あ》き箱《ばこ》で時計のおもちゃを作るのもよいでしょう。家の壁《かべ》に掛かっている時計《とけい》には興味《きょうみ》がなくても、自分で作ったおもちゃの時計なら、子どもは夢中で遊び、時間に親《した》しむようになります。紙皿《かみざら》や空《あ》き箱《ばこ》を使って、指で動かす簡単な時計を作り、時間と親《した》しむきっかけとしてはいかがでしょうか。

1 積《つ》み木でタイムショック！

遊び方：●キッチンタイマーや時計のアラームを、10〜30秒後に鳴るようにセット。

●スタートとともに、積み木（ブロックでも可）を積んでいく。

●ブザーが鳴るまでどれだけ高く積めるかを競争する。

2 ドキドキトランプ絵合わせ

遊び方：●トランプの10からキングまでの札《ふだ》を用意。

●1種類（たとえばハート）だけを表向きにして順番に並べる。

●残りの札は裏向きにしてばらばらに置き、キッチンタイマーや時計のアラームをセット。

●スタートとともに、札を1枚めくり、同じ数の札の上にのせていく。

●時間内にできたら、少しずつ制限時間を短くするか、カードを増やしていく。

3 指で動かす紙《かみ》皿《ざら》のマイ・クロック

材料：空《あ》き箱《ばこ》、紙皿、割りピン（なければ木《もく》ねじで代用）、厚紙か色画用紙、クレヨンかフェルトペン

作り方：❶紙皿に時計の数字を書《か》き込《こ》む。

❷厚紙か色画用紙で長針と短針を作る。

❸箱の上に1の紙皿をのせ、長針と短針を中心で重《かさ》ね、割りピンで針、皿、箱を留《と》める。

遊び方の例：●おままごとの時計として、針を合わせながら遊ぶ。

●ママが「いま何時？」と言って、家の時計を指さすと、子どもはマイクロックを家の時計と同じ時間に合わせてママに見せる。食事やおやつ、お風呂《ふろ》など、生活のなかで決まっている時間のたびにこの遊びをすることで、より時間に親《した》しめる。

えんぴつを使いこなそう

小学校では必ず使うえんぴつ。基本の筆記用具だからこそ正しい使い方を身につけたいもの。遊びを通《とお》して、楽しみながら練習しておきましょう。

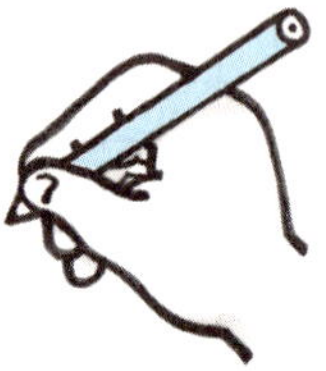

①利《き》き手《て》を軽く握《にぎ》る。
②親指と人さし指を
真っすぐ伸《の》ばす。
③軽く親指と人さし指の間に
えんぴつを入れて握る。
④中指で軽く支《ささ》える。
⑤親指と人さし指は
えんぴつの削《けず》り際《ぎわ》近くに、
軸《じく》は人さし指の第《だい》二関節《かんせつ》と
第三関節の中間を通《とお》るように持つ。

えんぴつに慣《な》れておく意味

パソコンがどんなに普及《ふきゅう》しても、就学《しゅうがく》してからのノート取り、就職後は手帳への書《か》き込《こ》みや伝言メモなど、書く場面は多く、勉強や仕事ができる人の「ノート術」が話題になるほどです。

基本となるえんぴつは簡単なようですが、大人《おとな》でも正しい持ち方で、安定した筆圧《ひつあつ》の線をきちんと書ける人は意外《いがい》に少ないもの。子どものうちに正しい持ち方を身につけないと、大人になってからでは直すのが難《むずか》しく、字を上手《じょうず》に書くことや、記号や簡単な図表の直線や曲線などを思い通りに書き分けることが苦手《にがて》になってしまいます。

そのため、就学前の子どもをえんぴつに慣れさせ、手の使い方や適度な筆圧を身につけることが大切《たいせつ》です。芯《しん》を立たせると細い線、傾《かたむ》けるとやわらかく太い線が書ける、力を入れすぎると芯が折《お》れるなど、たくさんの線を書かせ、土台作りをしっかりしておきましょう。

ハイ、次はママだよ

① 紙にたくさん線を書こう

●ゴールまでよーいどん！

❶ 2本の線の間を線にぶつからないように、ゴールまで直線でたどる。

❷等間隔《とうかんかく》に描《か》かれたマークにぶつからないように、曲線かジグザグ線を書いてゴールまでいく。

●親子で挑戦

交代で線をひと筆で書く。止まったら交代。他の線にぶつからないように続けると、迷路ができる。次に迷路の間を線にぶつからないようにえんぴつでたどる。

② 円の中をひと筆書《ふでが》き

円上にある7つの点をひと筆で結び、模様を描《か》きながら、えんぴつに慣《な》れる遊びです。色えんぴつでもいいでしょう。

遊び方：円を書いて等間隔《とうかんかく》に7つの点を打つ。点を結んで模様を描《か》く。

❶1つずつ順番に結ぶ　❷1つおきに結ぶ　❸2つおきに結ぶ

1つの円に上の3つを重《かさ》ねても、きれいな模様になります。

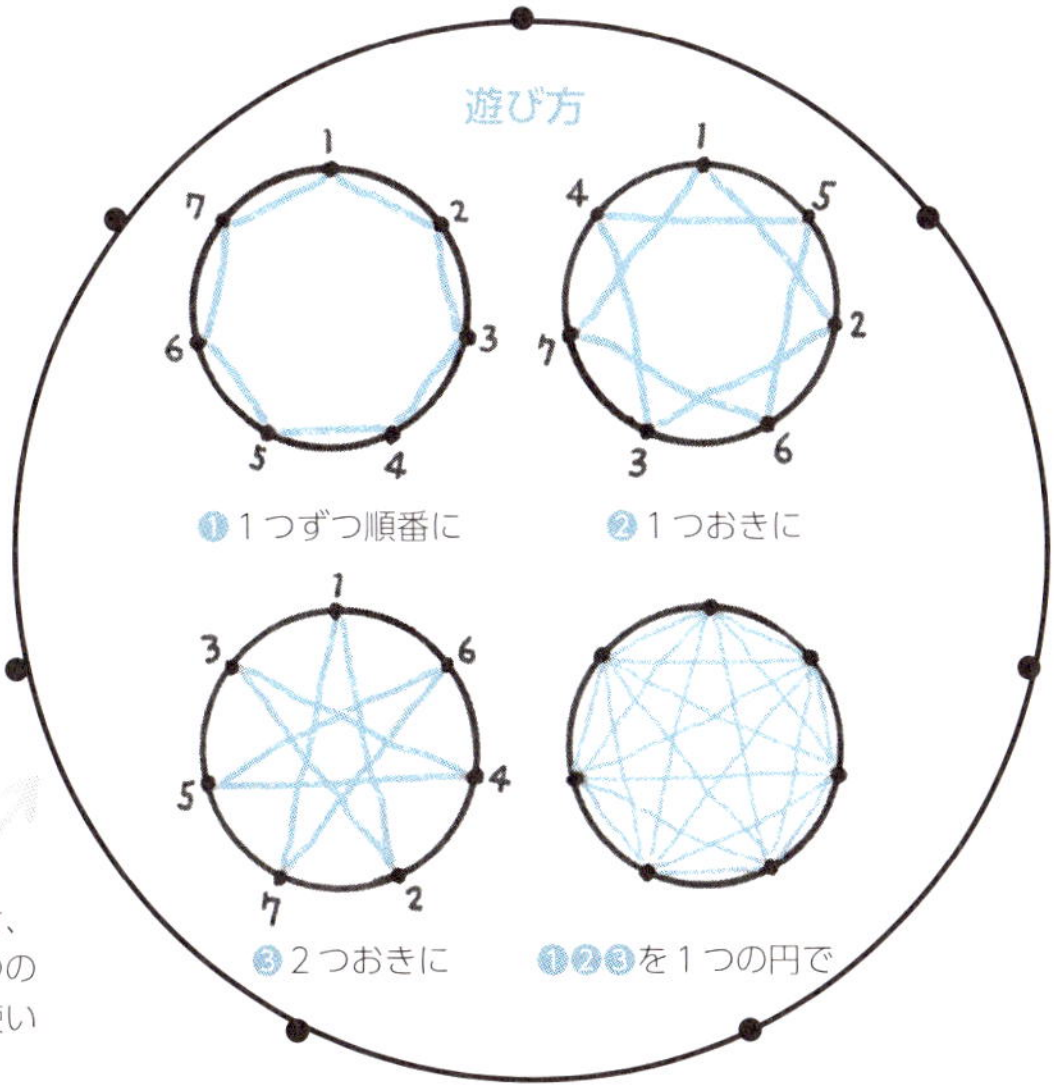
遊び方
❶1つずつ順番に
❷1つおきに
❸2つおきに
❶❷❸を1つの円で

薄めの紙をのせ、大きい円と7つの点を写してお使いください。

ハンカチネズミを作って遊ぶ

薄手《うすで》で大きめのハンカチでネズミを作ります
（下のイラスト参照）。

- ネズミを手のひらにのせ、
人差し指と中指を小刻みに動かすと、ネズミが動いているように見えます。
- もう片方の手で、なでるふりをしてもいいでしょう。
- 中指でしっぽの付け根を押《お》さえてはじけば、ネズミがぴょんと飛び出します。
- 大きさの違うハンカチで作れば、親子ネズミごっこもできます。

❶ハンカチを広げ、
三角に折ってから右、
左の順に端が少し
重《かさ》なるように折る。

❷下から3㎝くらいの
幅で、3～4回
点線まで折る。

❸裏返して、右、
左の順に重ね折る。

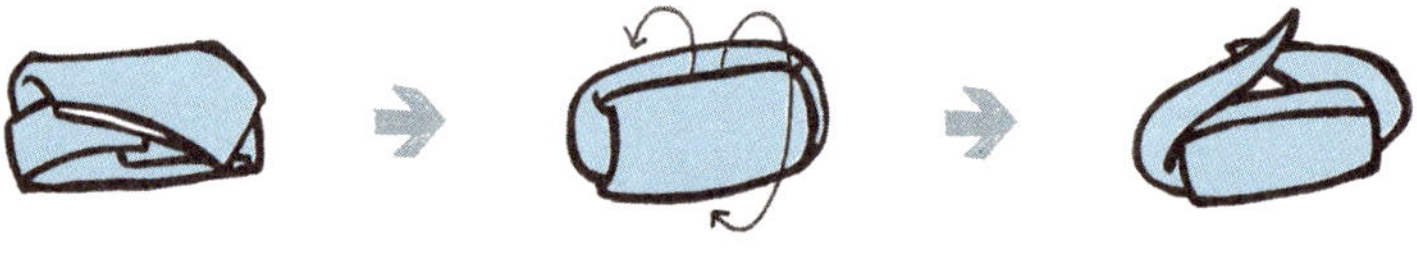

❹上部分を折り、
割れ目に差《さ》し込《こ》む。

❺④で差し込んだところと反対側の割れ目を開き、
2～3回ひっくり返していくと、両端が出てくる。

Aと**B**を引っぱって結び、
顔にする

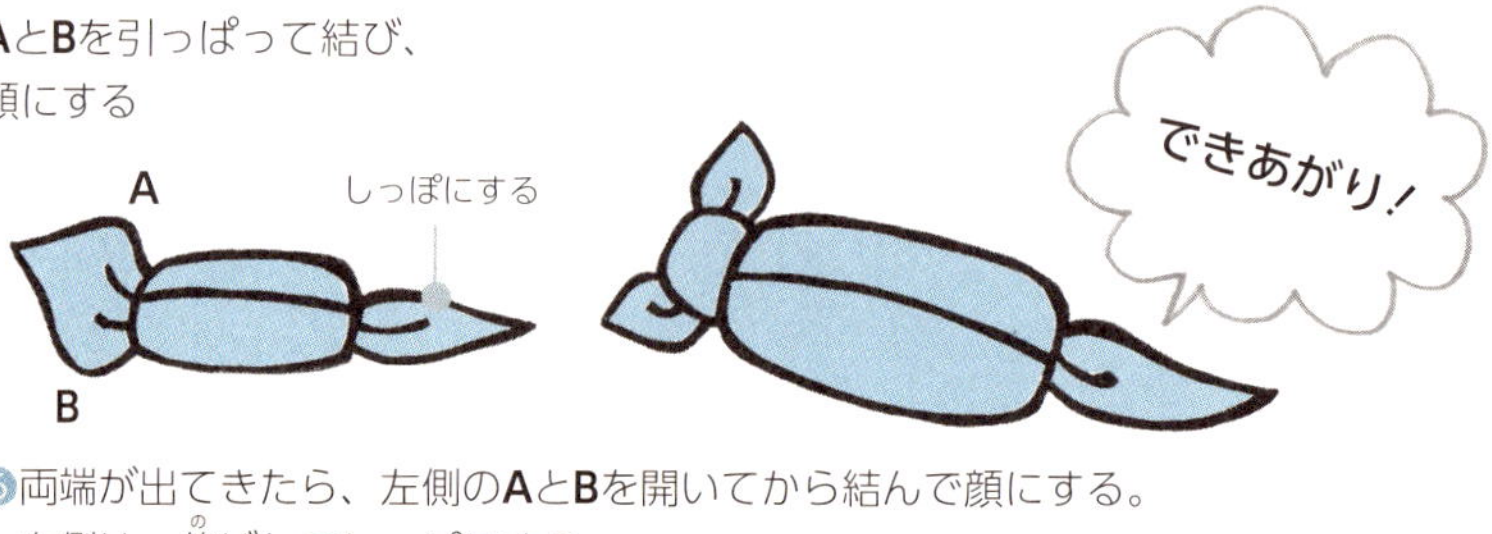

❻両端が出てきたら、左側の**A**と**B**を開いてから結んで顔にする。
右側は、伸《の》ばしてしっぽにする。

3章 元気にすくすく

赤ちゃん・幼児が元気ですくすく育つために

子育てで一番気になるのは、なんといっても子どもの健康でしょう。心配しすぎて過保護《かほご》になるのも考えものですが、小さいうちは体も心も発達の途上《とじょう》なので、周囲の大人の助けが必要なのも確かです。

子どもの体のことは、身近で世話をしている人が一番よくわかっています。普段《ふだん》、元気なときの様子をよく観察しておくと、体の変調にも早く気づきます。チェックの主なポイントは「機嫌《きげん》がいいかどうか」、「便と尿《にょう》の様子に変わりがないか」、「食欲はあるか」です。いつもと違うと思ったら、専門医または育児相談所などで相談しましょう。

元気ですくすく育つために大切《たいせつ》なことは、

①十分な栄養がとれていること
②けがや病気の予防《よぼう》がきちんとできていること
③けがや病気をしてしまったときに、適切《てきせつ》に処置《しょち》ができること

この三つの基本について、この章では解説しています。赤ちゃん・幼児の健康管理をする上での参考にしてください。

ママ・パパができる健康管理

栄養管理

母乳と人工栄養（ミルク）の違いは？　離《り》乳《にゅう》食《しょく》で失敗しないためにはどうするの？　赤ちゃん・幼児の健康な体を作る栄養について、理解しておきましょう。

けが・病気の対《たい》処《しょ》法

赤ちゃん・幼児のけがや病気は、手遅れになると命にかかわることがあります。普《ふ》段《だん》と様子が違ったら、適切な応急手当をしたうえで、早めに受診しましょう。応急処置のやり方は、事前に目を通しておくことが大切です。

けが・病気の予防法

けが・病気になってしまってから慌《あわ》てるのではなく、未《み》然《ぜん》に防《ふせ》ぐ工夫も大切です。危険な物を片付けておいたり、元気なときに平熱を測っておいたりなど、普段の生活で簡単にできることなので実行しましょう。

母乳とミルク（人工栄養）どう違うの？

赤ちゃんが母乳を飲んでいるときは、母子にとって至福《しふく》の時です。
でも、母乳の出が悪いママや、仕事に復帰《ふっき》するため、ミルクに切り替《か》えざるを得ないママもいます。
母乳とミルク、どう違うのでしょうか？

必要な栄養素が全部入っている母乳

赤ちゃんが生まれ、ママの乳首を吸い始めると、母乳が出始めます。母乳の出る量は人ぞれぞれで、はじめは出にくい人でも、乳房《にゅうぼう》マッサージなどで出るようになることがほとんどです。

母乳だけで育てている場合、はじめは授乳《じゅにゅう》後2時間もするとすぐに欲しがり、ママは夜もほとんど寝《ね》ることができません。実はこれ、母乳が大変吸収《きゅうしゅう》が良い優秀な飲み物のため、すぐに吸収されてしまうからなのです。飲ませてもすぐに泣いて欲しがるので、母乳が足りていないのではと心配する人がいますが、体重を測ってみて、ちゃんと増えていれば大丈夫です。

母乳は赤ちゃんに必要な栄養素がすべて入っているだけでなく、感染症《かんせんしょう》から赤ちゃんを守ってくれる免疫《めんえき》グロブリンなどの免疫物質も含まれています。できれば6か月くらいまでは、母乳を飲ませましょう。子どもを預ける場合は、搾乳《さくにゅう》して冷凍保存《れいとうほぞん》しても成分《せいぶん》に変わりはありませんので、これを利用するといいでしょう。

母乳とミルクのメリット・デメリット

母乳

メリット

- 必要な栄養素はすべて含まれている。
- 免疫物質が含まれている。
- 消化・吸収がいい。
- いつでもどこでも、すぐに飲ませることができる。
- 外出時に荷物が少なくてすむ。
- 母子の密着度《みっちゃくど》が高い。
- 経済的に優れている。

デメリット

- 飲んだ量がわかりにくい。
- すぐに吸収されるので授乳間隔《かんかく》が短い。
- ママにより出にくいことがある。
- 乳房マッサージや乳腺炎《にゅうせんえん》などママのケアが必要。
- 授乳はママがしなければならない。
- ママの体調が悪いとき、薬や食事などに気をつけなければならない。

ミルク（人工栄養）

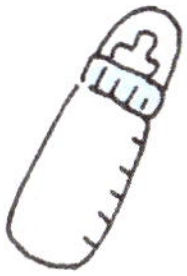

- 母乳に近い栄養素が含まれている。
- 赤ちゃんが飲む量がわかりやすい。
- 腹持ちがいいので、ママが楽。
- ママ以外の人でも授乳できる。
- ママが体調を崩《くず》しても影響《えいきょう》されない。

- 免疫物質が含まれていない。
- 飲ませるまでに手間がかかる。
- ほ乳瓶《びん》の管理に手間がかかる。
- 経済的な負担《ふたん》がかかる。
- 外出時に荷物がかさばる。

授乳《じゅにゅう》とアレルギー

授乳後の血便・湿疹《しっしん》・おう吐《と》は、アレルギー反応の場合があります。

血便が出るのは、多くの場合牛乳によるアレルギーで、母乳の場合はママが牛乳を飲むのを控《ひか》えると改善されることがあります。

卵のアレルギーの場合は湿疹《しっしん》が出ることが多いので、授乳後湿疹がひどく出るようなら、血液検査をしてもらうといいでしょう。

白湯《さゆ》や果汁は必要？

6か月くらいまではちゃんと母乳やミルクを飲んでいて、1日に6回ほどおしっこが出ていれば、水分や果汁をあえて飲ませる必要はありません。

また、特に100%の果汁の場合、飲ませたとたん下痢《げり》をすることがあります。これは、まだ赤ちゃんの消化器官が大人ほど発達していないので、十分な消化と吸収ができないことがあるからです。

離《り》乳《にゅう》食《しょく》は食《しょく》育《いく》のスタート！

離乳食は母乳やミルクだけだった赤ちゃんが、新しい食材に慣《な》れていく練習の期間。親にとっても食事の大切さを知るいい機会です。野菜嫌《ざら》いになる子どもも多いので、野菜嫌いにさせない方法もご紹介《しょうかい》しましょう。

家族の食事も見直す機会に

生後5か月頃から、離乳食がスタートします。月齢《げつれい》に合わせて硬《かた》さや量を調整しながら、少しずつ新しい食品、食感《しょっかん》を試していきます。味や舌触《したざわ》りだけでなく、胃腸にとっても試験期。ここで大切なのは、はじめての食品は一品ずつ増やしていくこと。赤ちゃんに異常が出た場合に食品を特定できます。また、離乳食の時から濃《こ》い味や甘い物は避《さ》け、できるだけ自然に近い味にしておくと、将来の生活習慣病の予防になります。

離乳食期は親子ともに食育のスタート。子どもができてはじめて、自然食品や栄養素について考え始める人もいます。家族の食事を見直すいい機会ととらえましょう。

離乳食期間に野菜嫌いになってしまうこともあります。そうならないためには、絵本などを通して野菜と友だちになるなど、楽しく食べる工夫をしましょう。

また、すでに野菜嫌いになってしまった子どもが、苦《にが》手《て》な野菜を食べられるようになった、ベテランママたちのレシピもご紹介しますので、参考にしてください。

楽しく食べて何でも食べる子に

離乳食初期には避《さ》けた方がいい食品

- **ハチミツ**…ボツリヌス菌《きん》という、筋肉を麻痺《まひ》させてしまう菌が、まれに含まれていることがある。
- **ソバ、エビ、カニ、ピーナツバターなどナッツ類など**…アレルギーを引き起こす可能性がある。
- **餅《もち》**…のどに詰《つ》まらせる可能性がある

野菜が出てくる絵本でお話を通して親《した》しむ

野菜の出てくる絵本を読み聞かせるのもひとつの方法です。『はらぺこあおむし』や『おおきなかぶ』などは、子どもに人気の絵本です。こうした絵本を読むときに「パクパク食べちゃおう」「どうやって食べようか?」「おいしいねえ」という具合に、話を広げていきます。

野菜当てゲームで楽しく食べる

３歳くらいからは、生の野菜を見せ、どのメニューに入っているのかを当てるゲームもできます。「このお野菜は何かな?」「どれに入っているかしら?」と問いかけると具を探し、当たると嬉《うれ》しそうに口に入れます。また、「ニンジンどこかなあ」「みいつけた!」といった、野菜当てゲームをしてもいいでしょう。肝心《かんじん》なのは、楽しく食事をすることです。

幼児を野菜好きにするベテランママのレシピ

赤いご飯
みじん切りのニンジンをバターで炒《いた》め、塩とケチャップで味を付け、ご飯に混ぜる。

緑のご飯
ホウレンソウをゆでて刻み、ホールコーンと一緒にバターで炒めて塩で味を付けご飯に混ぜる。

カラフルオムレツ
７mm角に切った赤と緑のピーマンをバターで炒め、平らにして上から静かに溶《と》き卵を流し入れてカラフルなオムレツに。

野菜の手巻き
ハムやスライスチーズに細長く切ったキュウリ、ニンジン、ダイコンやホウレンソウなどをのせ、マヨネーズをかけて手巻き寿司《ずし》風に作りながら食べる。

お肌《はだ》の大敵、紫《し》外《がい》線《せん》・あせも対策

紫外線は、赤ちゃんのデリケートな肌の大敵。お出かけの時は紫外線予防対策をしましょう。あせもやおむつかぶれ、脂《し》漏《ろう》性《せい》湿《しっ》疹《しん》といった赤ちゃんにつきものの肌トラブルもあります。予防方法などを覚《おぼ》えておきましょう。

赤ちゃんの肌はデリケート

赤ちゃんの皮膚《ひふ》の厚さは、大人《おとな》の約半分～3分の1しかありません。新生児《しんせいじ》の頃はママからもらったホルモンの影響《えいきょう》で、皮膚を乾燥《かんそう》から守る皮脂《ひし》が多めに分泌《ぶんぴつ》されていますが、生後2～3か月になると急激に減少するため、刺激《しげき》や雑菌《ざっきん》への抵抗力《ていこうりょく》が弱まります。メラニン色素を作る機能も発達過程《かてい》にあり、紫外線が皮膚の深いところまで達してしまいやすいのです。

夏の外出時には、つばが7㎝以上ある帽子《ぼうし》がおすすめ。また、薄手《うすで》の長袖《ながそで》で直射日光を避《さ》けます。

地面からの反射に備えて、ベビー用日焼け止めクリームを塗《ぬ》り、日差しの強い10～14時の外出は避けましょう。晴天の日には窓ガラス越《ご》しの日差しにも注意が必要。室内にいるからと安心せず、赤ちゃんのいる場所に日が当たっていないかどうか、確認しておきましょう。

暑い夏には、あせも、おむつかぶれなどの肌トラブルにも悩《なや》まされがちです。まずは、これらのトラブルに関する正しい知識を得ることから始めましょう。

肌《はだ》トラブルを解決する!

おむつかぶれの原因と対処法

暑い季節になりやすいおむつかぶれ。原因は以下の４つの場合が考えられます。

- 長時間おむつを替《か》えずにいる
- 汗をかく
- 下痢《げり》をしている
- おむつが小さすぎる

状況《じょうきょう》を判断して、かぶれる前におむつ替えを。おむつは、胴回《どうまわ》りに指が１本入る余《よ》裕《ゆう》があるものがベストサイズ。赤い湿疹《しっしん》は、あせもの場合もあります。また、カンジダというカビの一種による湿疹もあるので、おむつが直接当たらない部分にも炎症が見られたら、早めに受診《じゅしん》しましょう。

あせもの原因と対処法

赤ちゃんは身体《しんたい》機能が未熟なため汗腺《かんせん》の数が少なく、汗を多くかくと、汗腺が詰《つ》まりやすくなります。この詰まった汗腺部分が衣類などでこすれて刺激が加わり、あせもができます。皮膚《ひふ》の汚《よご》れは汗腺を詰まらせる大きな原因。暑い日は１日に数回、シャワーで汗や汚れを流してあげましょう。

- 首、脇《わき》、股《また》など汗がたまりやすいくびれのある部分、ひじやひざ裏など汚れがたまりやすい部分を特に注意して洗う。
- 入浴回数が多くなると、皮脂が取れすぎるので、石けんを使うのは１日１回だけに。

+1 plus one!

保湿剤《ほしつざい》でスキンシップ

皮膚は外部からのばい菌《きん》などの侵《しん》入《にゅう》を防《ふせ》ぐと同時に、内部にある水分を保《たも》つ働きもしていますが、赤ちゃんの皮膚は非常に薄《うす》く、その働きも十分とはいえません。入浴後は、保湿剤で水分を補《おぎな》ってあげましょう。

ママの手でやさしく塗《ぬ》ってあげることで、スキンシップの効果もあります。

- 入浴後、やわらかいタオルでこすらず、軽く押《お》さえるようにして水分を拭《ふ》き取る。
- 赤ちゃんの肌に湿《しめ》り気《け》があるうちに、保湿剤を塗る。
- 軽くマッサージするように塗る。

子どもの視力と目の健康

子どもの視力に気をつけるのは、小学生になってからでは遅《おそ》い、といわれています。幼児のときから、目の健康を守る生活習慣《しゅうかん》を身につけさせましょう。

目の発達は6歳ごろまでに完成する

生まれたばかりの赤ちゃんは目の焦点《しょうてん》が合っていませんが、月齢《げつれい》が上がるとママの顔をじっと見つめたり、動くおもちゃを目で追ったりし始めます。前もって子どもの視力の発達段階を知っておくと、成長とともに気をつけるポイントがわかって安心です。

子どもの視力は1歳ごろに0.5、2歳ごろに0.5くらいになり、1.0程度まで発達するのは早い子で3歳、遅《おそ》い子で5~6歳といわれ、完成するのは小学校入学前です。そのため、地方公共団体などで行われる3歳児《さいじ》健康診査《しんさ》は、発達途中《とちゅう》にある子どもの目の状態を知るうえで重要《じゅうよう》です。6歳までに、乱視、遠視、近視、斜視《しゃし》、弱視などが発見できればメガネなどで矯正《きょうせい》し、視力を育てることも可能になるからです。医師の指導に従《したが》い、目の発達が完成する6歳までに視力を育ててあげましょう。

また、目に負担《ふたん》をかけない生活習慣《しゅうかん》を、幼児期から身につけさせることも大切です。

目の病気とチェックポイント

目の健康を守る生活習慣《しゅうかん》5つの基本

1. 正しい姿勢

絵本を読むなど長時間目を使うときは、背中を真っすぐにして、目と本の間を約30cm離《はな》す。

2. 適度に休める

30分以上集中して本を読んだら、５～10分は目を休める。コンピューターゲームは30分以上続けてやらない。

3. テレビに近づきすぎない

テレビを見るときは４mほど離《はな》れて見る。テレビと子どもの間にテーブルなどを置くといい。

4. テレビは明るい部屋《へや》で見る

テレビは画面の明るさをまぶしく感じるような暗い部屋ではなく、適度《てきど》に明るい部屋で見る。

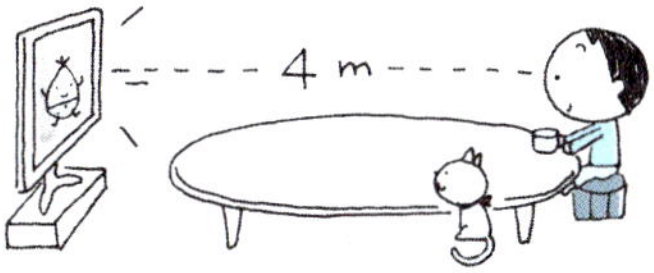

5. 目に良い栄養素を摂《と》る

ブルーベリーの「アントシアニン」はフラボノイドの一種で抗酸化作《こうさんかさ》用《よう》があり、ホウレンソウやブロッコリーに含《ふく》まれるカロチノイドの一種「ルチン」とともに、目を保護する効果があるといわれている。

目の健康チェック

❶子どもの行動から注意！

　テレビを見ているとき、「目を細める」、「首を片方に傾《かたむ》ける」、「顔を近づける」などがあったら要注意。

　絵本などを読んでも根気《こんき》がなく、反応《はんのう》が鈍《にぶ》いときも目の異常が原因である場合が。

❷目の外観から注意！

　黒目が寄っている、外側へ離《はな》れている、表面が濁《にご》っている、大きさが左右で異なる、などを発見したら、眼科を受診。

子どもがかかりやすい目の病気

　異常に気がついたら、早めの受診《じゅしん》を。

●ウイルス性結膜炎《けつまくえん》（通称《つうしょう》：はやり目）

　ウイルス感染により結膜が充血《じゅうけつ》、目やにが出る。熱っぽくなることも。患部《かんぶ》に触《ふ》れた手や、涙《なみだ》などからも感染するので、タオル類の家族での共用は避《さ》ける。

●ものもらい

　汗腺《かんせん》に細菌《さいきん》が入ったり、皮脂腺《ひしせん》が詰《つ》まったりして炎症《えんしょう》を起こし、化膿《かのう》する。抗生物質《こうせいぶっしつ》の点眼薬などで治《なお》るケースが多い。腫《は》れが大きくなると、眼科で切開することも。

●先天性鼻涙管閉塞《びるいかんへいそく》

　赤ちゃんは、涙が目頭《めがしら》から鼻の奥《おく》へ流れる鼻涙管を通りづらいことがある。鼻のつけ根部分をマッサージすると通りやすくなるが、症状《しょうじょう》が変わらない場合は治療《ちりょう》が必要。

耳と鼻、上手《じょうず》なケアで病気を予防

耳や鼻の掃除《そうじ》を嫌《いや》がる子どもは多いもの。だからといってお手入れをしないのはもちろん、お手入れをし過ぎるのもトラブルのもとです。デリケートな場所だけに、十分注意して、上手にケアして病気を防《ふせ》ぎましょう。

■耳を前から見た断面図

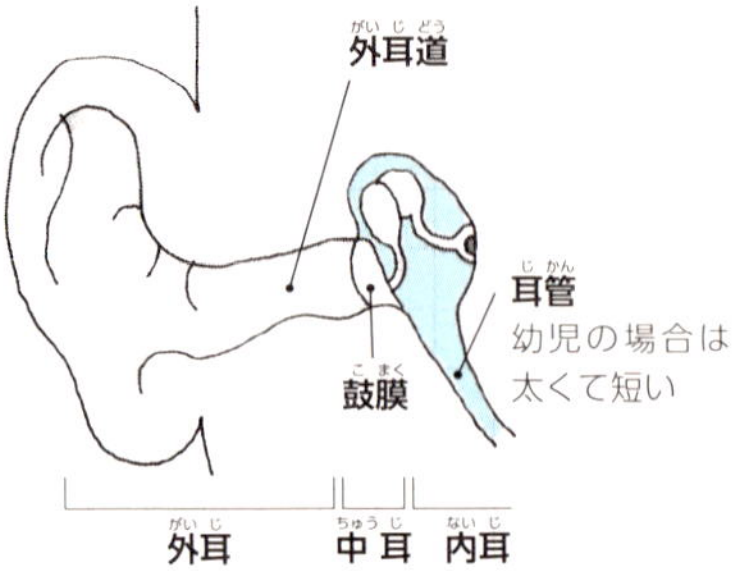

■鼻を横から見た断面図

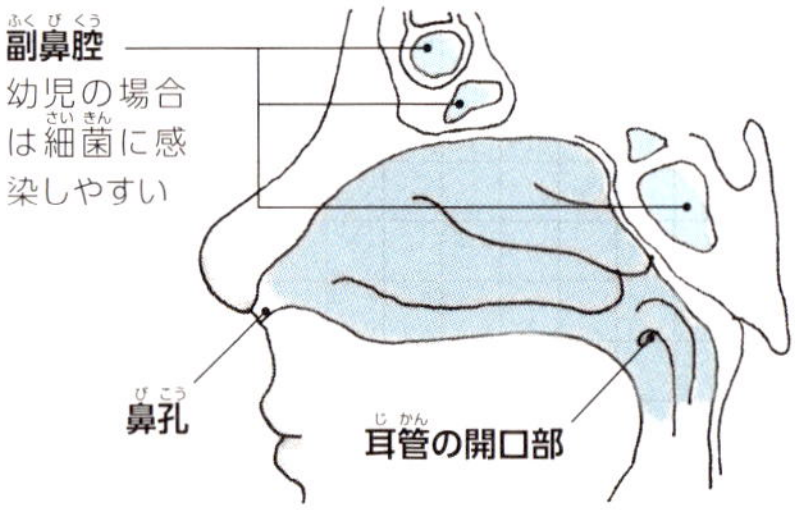

幼児の耳や鼻は炎症《えんしょう》を起こしやすい

子どもが風邪《かぜ》をひいたときに、中耳炎《ちゅうじえん》になったという話をよく聞きますが、その理由は耳の構造にあります。耳にはのどにつながる管（耳管《じかん》）があり、ここが開いて空気が出入りします（上のイラスト参照）。子どもの耳管は、大人と比べて太く短いのが特徴《とくちょう》。そのため、細菌《さいきん》やウイルスが鼻やのどから入って炎症を起こすと耳に伝わりやすく、中耳炎になりやすいのです。

一方、鼻には額《ひたい》の中央や鼻の横に、副鼻腔《ふくびくう》という空洞《くうどう》があります。幼児の場合、副鼻腔の中が細菌感染しやすく、風邪のウイルスなどが原因となって、小児期に副鼻腔炎《えん》を発症《はっしょう》することが多いのです。鼻づまりや鼻水をそのままにしておくと、副鼻腔炎となり、慢性化《まんせいか》する可能性も出てきますので、いつまでも鼻水が続いたり、どろっとしてきたりしたら要注意。「鼻風邪くらい」と放《ほう》っておかず、耳鼻科を受診《じゅしん》することが大切《たいせつ》です。

耳や鼻の病気を防《ふせ》ぐには、清潔に保《たも》つことが大切《たいせつ》。お手入れのポイントを知り、手早く安全にケアしましょう。

これで安心、耳と鼻のケア

鼻のお手入れ

①蒸しタオルで温める

血行を良くすると、鼻の通りが良くなる。

②ティッシュを細く丸めたこよりを使う

そっと子どもの鼻に回し入れると、鼻水を取りやすい。

③めん棒を湿《しめ》らせて使う

鼻くそはめん棒を湿らせると取りやすい。

④あばれる子どもはタオルで巻いて

バスタオルで両腕《りょううで》が隠《かく》れるよう巻いて、動かないようにするとスムーズ。

⑤片方ずつ鼻をかむように教える

両方いっぺんにかむと耳を痛めるので、一方の鼻の穴を押《お》さえ、片方ずつゆっくり。

耳のお手入れ

①お風呂上《ふろあ》がりにお手入れ

耳あかがふやけるので、取りやすい。

②周《まわ》りに声をかけ、頭を固定する

兄弟などが気付かずぶつかってくると危険。また、子どもは急に頭を動かすことがあるので、空《あ》いている手で押《お》さえる。

③めん棒を入れ過ぎない

耳あかを奥《おく》へ押《お》し込《こ》んでしまうことがあるため。また、粘《ねん》膜《まく》を傷つけてしまう可能性があるので、奥の耳あかは無理に取らないこと。たまっているようなら耳鼻科へ。

子どもの耳や鼻の悩《なや》み 5 つの対策

1. 耳掃除を嫌《いや》がって困る

対策：無理にめん棒を入れようとすると耳の中を傷つける危険がある。機嫌《きげん》の良いときに、耳の周《まわ》りと一緒《いっしょ》に耳の穴も、ぬるま湯で絞《しぼ》ったガーゼなどでそっと拭《ふ》く。

2. お風呂で子どもの耳に水が入《はい》るのが心配

対策：鼓膜《こまく》の中まで水が入ることはほとんどないので、神経質にならなくて大丈夫。無理に拭《ふ》かず、自然に出てくるのを待つ。

3. 難聴《なんちょう》かもしれないと不安

対策：子どもの聴力《ちょうりょく》を確定することは難《むずか》しいので、定期的に検査を受け、適切な診断《しんだん》と治療《ちりょう》を受ける。

4. 鼻血が出たらどうすればいいの？

対策：体を起こし小鼻を押《お》さえる。通常５～10分で治まる。血を飲み込むと吐《は》き気《け》をもよおしたりするので、仰《あお》向《む》けに寝《ね》かせないようにする。

5. アレルギー性鼻炎《せいびえん》の治療法は？

対策：花粉、ほこり、ダニなど原因をつきとめ取り除く工夫《くふう》をする。病院で処方された抗アレルギーの点鼻薬などや薬の内服で症状を緩和。

「歯《は》が生えた！」から始まるデンタルケア

虫歯の痛さや治療《ちりょう》の苦痛は大人でも嫌《いや》なもの。幼児の場合は虫歯になってしまうと、治療中泣《な》き叫《さけ》んだり、動いたりして危険です。できれば虫歯にはしたくない。歯が生えたらデンタルケアの始まりです！

歯みがきは習慣《しゅうかん》づけが大切《たいせつ》

子どもの歯が生える時期は人種によって差があり、日本人は比《ひ》較《かく》的《てき》遅《おそ》い方だといわれています。それでも8か月頃《げつごろ》には生え始めるので、離乳食《りにゅうしょく》などのときに注意してみていましょう。まだ乳歯だからといってケアを怠《おこた》っていると、その後に生えてくる永久歯に影響《えいきょう》します。子どもの乳歯が生え始めたら、歯みがきをスタートしましょう。ただし、その頃《ころ》は押《お》さえつけられるのを嫌《いや》がります。無理に押さえつけて、長時間歯みがきをすると、その後が大変になります。習慣づけることが大切なので、最初は短時間ですませ、おおいに褒《ほ》めてあげましょう。

歯がどんどん生えてきて、食べられるものも増えてきたらきちんとみがきましょう。子どもが自分で歯みがきをしたら、仕上げは大人がみてあげます。

虫歯にしないためには、食習慣も大切です。おやつをだらだらと食べるのはやめ、外出先などで歯みがきができない場合は、糖分が入っていない飲み物を食後に飲むなどするといいでしょう。

教えて！　乳歯のこと

歯ブラシはどういうものがいいの？

毛の部分が歯２本分の幅《はば》程度の小さいもので、毛先が丸く加工してあるものがいいでしょう。大きすぎるとみがきにくく、毛先が丸くないと歯ぐきを痛めてしまう恐《おそ》れがあります。

虫歯にならないためには
どうすればいいの？

３歳までは甘《あま》いものはできるだけ控《ひか》えましょう。スポーツドリンクなども糖分が多いので要注意！　長い時間口の中に食べ物（特に甘いもの）が入っている状況《じょうきょう》は避《さ》けましょう。

夜中におっぱいを飲んでも大丈夫？

夜中の授乳後や外出先などでは、ぬらしたガーゼなどで拭《ふ》き取るといいでしょう。ただし、できれば虫歯を作らないためにも、夜中の授乳は少しずつやめていくようにしましょう。

どの歯が最初に生えてくるの？

個人差はありますが、生後８か月頃から前歯（一般的《いっぱんてき》には下の歯）が生えてきます。奥歯《おくば》が生えてくるのは、生後１歳《さい》８か月頃で、全部の乳歯が生えるまでには３歳頃までかかります。

歯みがきはいつからするの？

乳歯が生え始めたら、大人が見ているところで、遊びながら歯ブラシに慣れさせましょう。歯みがきは毎食後が理想ですが、夜寝《ね》る前には必ず行い、慣れてきたら増やしていきます。

歯みがきを嫌がったら？

無理に押さえつけたり脅《おど》したりすると、もっと嫌《きら》いになります。歌を歌ったり、優しく話しかけたりしながらみがきましょう。嫌がる前に止めて、じっとしていたことを褒《ほ》めてあげます。

上手なみがき方

歯の横

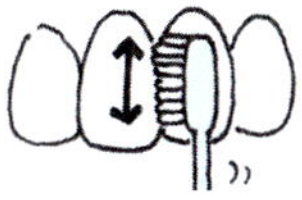

ブラシの外側1列の
毛先を使って、
小きざみに上下に動かす。

歯の正面

歯と歯の境から歯ブラシをあて、
歯の先に向かって
ローリングするようにみがく。

子どものけが、こんなときどうする？

ちょっと目を離《はな》したすきに
起こってしまう子どもの事故。
普段《ふだん》からの注意が大切《たいせつ》ですが、
万一のときに備えて病院へ行く前の、
とっさの応急処置法を覚《おぼ》えておきましょう。

応急処置はまず〝落ち着く〟こと

ママが食事の支度《したく》をしている間に、子どもがテーブルに乗ろうとして落ち、大声で泣き始めた――。こんなとき、まずは落ち着いて、子どもの様子《ようす》や事故の状況《じょうきょう》をよく見ましょう。泣き声につい、あわてがちですが、落ちてすぐに泣く場合、大事に至ることが少ないので、比較《ひかく》的《てき》安心のサインとも考えられます。

ぐったりして意識《いしき》がない、吐《は》いた、けいれんを起こした、打った部分が陥没《かんぼつ》している、大量の出血があるなどの場合は、すぐに救急車を呼ぶ必要があります。１１９番に連絡《れんらく》して救急車を待つ間、できるだけの応急処置をしておきましょう。事故によっては、１１９番の電話の際、応急処置の方法を指示されることもあります。

子どもに多い事故の種類別に、応急処置法をご紹介《しょうかい》します。応急処置をしてあるかどうかが、その後の回復に大きく影響《えいきょう》します。いつもと泣き方が違う、顔色《かおいろ》が悪い、苦しそうに見えるなどといった場合は、早めに受診《じゅしん》しましょう。

万が一の事故での応急処置

やけど

すぐに流水《りゅうすい》で20分以上冷やします。範《はん》囲《い》が広い場合はシャワーで水をかけます。

衣類の上から熱湯などをかぶった場合は、脱《ぬ》がせると皮膚《ひふ》ごとはがれてしまう場合があるので、衣類の上から水をかけます。

患部《かんぶ》が10円玉より小さく、赤くなっているだけで痛みがないなら応急処置で様子を見ましょう。カイロや湯《ゆ》たんぽによる低温やけどの場合は、少し赤い程度でもよく冷やしてから受診を。

【受診の目安は？】

水ぶくれができてしまった場合や、患部が顔や頭、または500円玉以上の大きさのやけどの場合は受診。

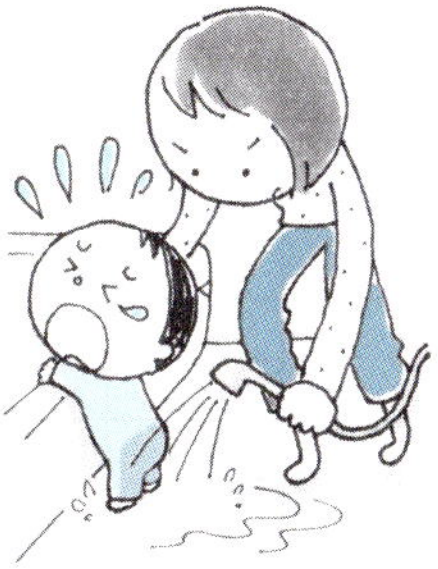

頭を打った

子どもは頭が重いので、よく頭から転落や転倒《てんとう》をします。ゆすらずに静かに寝かせるなどして、打った場所を氷《ひょう》のうなどで冷やします。出血や傷もなく、すぐに大声で泣き、泣き止《や》んだ後に機嫌《きげん》が良ければまず大丈夫《だいじょうぶ》でしょう。ぼんやりしたり吐《は》いたりしていないか、2～3日は注意して様子《ようす》を見ましょう。

けがをして出血がある

傷口を流水で洗い流します。傷口を心臓より高い位置にし、数分間清潔なガーゼなどで圧迫《あっぱく》し、止血しましょう。血が止まったら消毒し、ガーゼや包帯《ほうたい》などでカバーします。ドアに指をはさむなどして内出血しているときは、濡《ぬ》れタオルなどで冷やし、痛みが続くようなら受診します。

【受診の目安は？】

傷口に異物が入っている、出血が多く止まらない、傷が大きくて深い、つめが傷ついているなどの場合は受診します。

骨折

患部《かんぶ》をはさむ上下の関節にわたるように副木《そえぎ》をして固定します。腕《うで》や足なら傘《かさ》、段ボール、くつべら、雑誌、定規などを利用する。指の場合にはペン類、箸《はし》などが使えます。傷があるときは、汚《よご》れを落とし、清潔なガーゼなどを当てて、病院に行きましょう。

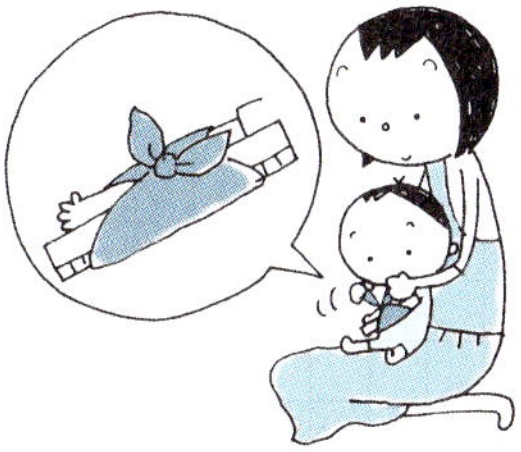

子どもの急病、こんなときどうする？

発熱したり、下痢《げり》したり、吐いたり……。子どもの急病は夜間や休日に限って、ということも少なくありません。そんなとき、あわてないために、急病時の心得をご紹介《しょうかい》しましょう。

よく観察して適切な手当てを

子どもの急病というと、症状《しょうじょう》を抑《おさ》えなければと考えがちですが、たとえば発熱は体がウイルスなどと闘《たたか》って起きる現象ですし、下痢《げり》や嘔吐《おうと》は異物を体外に出そうという働きであることも。子どもには自己治癒力《ちゆりょく》も備わっていますので、あわてずに様子《ようす》をしっかり見て、受診《じゅしん》するまでの応急手当てをしてあげましょう。

子どもの具合が悪くなったら、まずは優しく呼びかけながら、ゆったりしたパジャマなど楽《らく》な服装で寝《ね》かせます。パパやママが落ち着いて笑顔《えがお》を見せることで子どもも安心します。話しかけたときに子どもがどう反応《はんのう》したかは、医師が診断《しんだん》する際の参考となります。大切《たいせつ》なのは、子どもの様子をよく観察すること。できればメモをとり、受診時に持参しましょう。必要なデータを記入できるチェックシートを左ページに掲載《けいさい》しました。すぐ使えるように数枚コピーし、常備しておくと便利です。

発熱と下痢の場合の手当法を紹介しました。一度読んでおくと安心です。

子どもの二大症状《にだいしょうじょう》　応急手当法

チェックシート

- **子どもの月齢・年齢**：
- **持病**：
- **普段服用《ふだんふくよう》している薬**：
- **症状《しょうじょう》はいつから**：
- **どのくらい続いているか**：
- **体温**：　　　　度　　　　分
- **元気があるか**：あやすと笑う
ぐったりしている
うとうとしている
意識がない
- **泣き方**：いつもと泣き方が違う
大声で火がついたように激しく泣く
力なく声が出ない
- **便の様子《ようす》**：下痢《げり》　　　色：
頻度《ひんど》：1日　回　出ない
- **尿《にょう》の様子**：　　　　色：
頻度：1日　回　出ない
- **痛み**：頭／目／耳／喉《のど》／お腹《なか》
腕《うで》／足／背中／関節／全身
- **鼻水《はなみず》の様子**：
サラサラ／ねばねば／鼻づまり
- **呼吸《こきゅう》の様子**：
荒い／ゼイゼイ／ヒューヒュー
- **唇《くちびる》の様子**：乾《かわ》いている／暗赤色／紫色
- **嘔吐《おうと》**：1回／2～3回／4回以上
繰《く》り返《かえ》し吐《は》く
絶《た》えず吐いている
噴水《ふんすい》のように勢いよく吐く
- **そのほか気になる症状**：
- **症状が出る前に**：
食べたもの：
何をしていたか：
(転《ころ》んだ、何かくわえていた、ぐずっていたなど)

発熱

熱が上がっているうちは悪寒《おかん》が起こりやすいため体を温め、上昇《じょうしょう》が止まったら涼《すず》しくさせ熱を冷まします。衣類や寝具《しんぐ》を替《か》えるなどして調整しましょう。

汗《あせ》をかいたままだと体が冷えてしまうので、こまめに着替《きが》えさせ、水分を補給します。

高熱時、氷枕《こおりまくら》や氷のう、冷却《れいきゃく》シートなどで頭部を冷やすと、鼻や口を塞《ふさ》ぐ恐《おそ》れがあるので、十分注意します。冷やしても38度以上の熱が続くときは、早めに受診しましょう。(詳しくは次ページ参照)

下痢《げり》

下痢の場合は水分補給が大切です。吸収のよい赤ちゃん用イオン飲料や湯ざまし、薄《うす》めのジュースなどを冷やさずに少しずつこまめに飲ませましょう。

食欲があるときはミルクや離乳食《りにゅうしょく》を与《あた》えますが、量を減らしたり、一段階前の離乳食に戻《もど》したりするなど、消化《しょうか》器官に負担をかけない工夫をします。

便に血液が混じっている場合は、受診時に持参するといいでしょう。

赤ちゃんの体温と発熱について

体温調節機能が未熟《みじゅく》な赤ちゃんは、ちょっとしたことでも発熱します。病気が原因の場合、急変することも。赤ちゃんの体温の特徴《とくちょう》や、発熱したときの対応について知っておきましょう。

平熱《へいねつ》を知り様子《ようす》をよく見る

新陳代謝《しんちんたいしゃ》が活発な赤ちゃんは大人の約3倍（体重1kgあたり）も汗《あせ》をかき、そのぶん多量の熱を放出するので、もともと平熱が高めです。

一般的《いっぱんてき》には、赤ちゃんの平熱は36〜37度前半といわれていますが、寝起《ねお》きは高くなるなど1日のうちでも変化します。

また、ミルクを飲んだり、厚着をしたりするだけでも体温は上がるため、どこまでが正常で、どこからが病気による発熱なのか、判断がつきにくいかもしれません。

そこで赤ちゃんの体調が良いときに体温を測《はか》って、赤ちゃんの平熱を知っておくと安心です。

発熱したように見えても、水分補給をし、薄着《うすぎ》にさせるなどの対応をした後、熱が下がり機嫌《きげん》も良く、食欲もあるようなら心配はないでしょう。病気による発熱でも、元気がよければあわてることはありませんが、よく観察し、いつもと様子が違うときは、早めに受診《じゅしん》することをおすすめします。

発熱時の注意ポイント！

受診の目安となるポイント

- 鼻水や咳《せき》がひどい。
- 吐《は》く、下痢《げり》が続く。
- 体温が上がり、考えられる原因を取り除いても熱が下がらない。
- 機嫌《きげん》が悪い、食欲がない、睡眠《すいみん》が浅いなど。
- 平熱よりも１度以上高い熱が、２日以上続いている。
- 特に生後３か月未満では、いつもと様子が違うとき、発熱しているように思えるときは早く受診する。

熱性《ねっせい》けいれん

熱の出始めにけいれんし、意識《いしき》を失《うしな》う。生後６か月から５歳くらいまでに起こりやすい。下記は注意点。

- 体をゆすらない。舌をかまないようにと口に物や親の指を入れない。
- たいていは３～５分程度で治《おさ》まるので、衣類をゆるめ、吐いたときに、気道に入らないように顔を横向けにし、 様子を見る。
- 緊急《きんきゅう》の場合は救急車を。

発熱時の対応 7 つのポイント

1. 悪寒時には１枚プラス、熱が上がりきったら1枚マイナス、汗をかいたら着替《きが》えなど、様子《ようす》を見てまめに調節。
2. 発熱もとである病原体との闘い終了まで、熱は下がらない。汗をかかせようと温《あたた》めすぎると体力を消耗《しょうもう》するので注意。
3. 首筋、わきの下、太ももの付け根を冷たいタオルや冷却《れいきゃく》シート等で冷やすとよい。
4. 白湯《さゆ》や番茶、赤ちゃん用果汁《かじゅう》・イオン飲料で水分補給。
5. 腎臓《じんぞう》が未発達なため、塩分・糖分の高い飲料は与《あた》えない。
6. 赤ちゃんがほしがるようであれば、おっぱいもミルクも飲ませてOK。
7. お風呂《ふろ》は体力を消耗するので避《さ》け、体を濡《ぬ》れタオルで拭《ふ》いて清潔に。お尻《しり》のかぶれが気になる場合、お湯を入れた洗面器でお尻だけさっと腰湯《こしゆ》をして洗う。

暑い夏にご用心！熱中症《ねっちゅうしょう》

日射病・熱射病を含《ふく》めて熱中症と言います。暑さにより体温調節機能が働かなくなり、体温が上昇《じょうしょう》し、脱水症《だっすいしょう》になることを指します。日射病は屋外《おくがい》で起こりますが、熱射病は気温・湿度《しつど》が高い室内や車内で起こりやすく、症状《しょうじょう》が重く、命にかかわることがあります。春先や秋口の気温23度程度のころでも、車の中は温度が50度近くまで上昇することがあるので、車内に子どもを放置してはいけません。

子どものインフルエンザ

毎年、インフルエンザの流行を耳にしますが、小さな子どものいるママのなかには、予防注射の接種で迷っている人も多いのでは。インフルエンザとその対策について、確認しておきましょう。

インフルエンザと風邪《かぜ》の見分《みわ》け方

インフルエンザは、風邪と共通する症状《しょうじょう》もありますが、インフルエンザならではの特徴があります。

①38度以上の高熱が出る。
②頭痛・関節痛《かんせつつう》・筋肉痛といった全身症状が現れる。
③熱性《ねっせい》けいれん・中耳炎《ちゅうじえん》・気管支炎《きかんしえん》・肺炎《はいえん》などを併発《へいはつ》し重症化《じゅうしょうか》することもある。
④小児がかかると急性脳症《のうしょう》を起こして死に至るケースも。
⑤流行性疾患《しっかん》で感染力が非常に強く、短期間に拡《ひろ》がる。

風邪にしては熱が高い、と思った場合、特にインフルエンザにかかった人と接触《せっしょく》した覚《おぼ》えがある場合には、まず感染を疑いましょう。市販薬《しはんやく》の中には、インフルエンザには使用できないものもあります。高熱に驚《おどろ》いてむやみに解熱剤《げねつざい》を使用せず、まずは病院へ。インフルエンザかどうかは、鼻の粘膜《ねんまく》を取って調べればすぐわかります。インフルエンザと診断《しんだん》されると、一定期間、通園や人混《ひとご》みの中に出かけることは禁止されます。インフルエンザの予防注射や対処法についてご紹介《しょうかい》します。

インフルエンザ予防と対策

もし、かかってしまったら マスクを有効活用して

インフルエンザは飛沫《ひまつ》感染といって咳《せき》・くしゃみ・唾液《だえき》などの飛沫の中にいるウイルスが、鼻や口から吸入されて感染します。そこで、マスクは大変有効です。かかってしまった人が他の人に移さないためにも利用できます。家族に感染するのを防ぐため、なるべく寝室《しんしつ》を別にし、家族と同じ部屋《へや》にいるときはマスクをさせます。

換気《かんき》の悪い部屋では長くウイルスが浮遊《ふゆう》することもあるので、時々空気を入《い》れ替《か》えましょう。看病する側《がわ》もマスクをし、手洗いを入念に。飛沫がかかった布団《ふとん》などは除《じょ》菌《きん》スプレーを利用するか、陽《ひ》に干《ほ》し、患者の衣類は洗濯《せんたく》をしてひなたに干す、アイロンをかけるなどのウイルス対策を。

予防注射は2週間後から 効き始め、効果は約5か月

インフルエンザは、型によって免疫反応《めんえきはんのう》が異《こと》なるため、1つの型にかかった後、ほかの型にかかることもあります。予防注射をしていれば絶対にかからない、というわけではありませんが、重症《じゅうしょう》化《か》するのを防《ふせ》ぐ効果が期待されます。予防注射の効果は接種後約2週間で現れ始め、約5か月続くとされます。インフルエンザの流行は1月から3月がピークですので、受けるのであれば早めにしましょう。ただし、6か月未満の乳幼児は通常接種しません。

家庭でできる予防方法

- 空気が乾燥《かんそう》すると、のどの粘膜の防御《ぼうぎょ》機能が低下し、インフルエンザにかかりやすくなります。加湿器《かしつき》などを使って、室内の湿度《しつど》を50～60パーセントに保《たも》つこと
- 外出から戻《もど》ったら手洗いとうがいを必ずする
- 寝不足《ねぶそく》にならないように注意する
- バランスのいい食事を心がける

卵アレルギーの子は注意して！

インフルエンザのワクチンは孵化鶏卵《ふかけいらん》でウイルスを培養《ばいよう》して作られるため、卵アレルギーなどのある子が接種すると、副反応《ふくはんのう》を起こす可能性があります。ほかにも気管《きかん》支《し》喘息《ぜんそく》や免疫不全《めんえきふぜん》がある人、けいれんを起こしたり予防注射の接種後副反応が出たりしたことがある人も、注意が必要です。接種前に、必ず医師に相談してください。

病気のときの食事

- 豆腐《とうふ》をつぶしておかゆに混《ま》ぜる。
- カボチャを煮てつぶし、コンソメスープでのばし、食べやすくする
- りんごをすりおろした中に、バナナを小さく切って混ぜ、ヨーグルトを加える

監修　国立成育医療研究センター消化器科医長　新井勝大
企画制作　株式会社トプコ　井手晃子
イラスト　株式会社イオック　赤川ちかこ
執筆協力　平林圭子　松田尚子

本書は月刊誌『灯台』の連載企画
「ヤング・ミセス・プラザ」（2008年8月～2010年11月）を加筆・再編集したものです。

にこにこ育《いく》児《じ》アイデアブック

2011年5月5日／初版第1刷発行

編者　『灯台』編集部
発行者　大島光明
発行所　株式会社　第三文明社
東京都新宿区新宿1-23-5
郵便番号　160-0022
電話番号　03-5269-7145（営業代表）
03-5269-7154（編集代表）
URL　http://www.daisanbunmei.co.jp
振替口座　00150-3-117823

印刷・製本　奥村印刷株式会社

ISBN978-4-476-03310-6

落丁・乱丁本はお取り換えいたします。
ご面倒ですが、小社営業部宛お送りください。
送料は当方で負担いたします。